정당

Vita
Activa 개념사 11

정당

김윤철 지음

책세상

차례

3장 | 정당 모델은 어떻게 변모해왔는가

4장 | 정당을 둘러싼 논쟁들

5장 | 정당의 미래는 오래 지속될 것인가

1장

왜 정당인가

1

정당과 우리 삶의 거리

정당은 왜 중요할까? 한국 사회에서 정치는 보통 사람의 삶과 상관없는 것으로 인식되는 경우가 많다. 정치가 본래 우리의 삶과 무관한 것이어서 그럴까? 아니다. 다만 현실의 정치가 우리의 삶과 괴리된 채 작동되고 있기 때문이다. 그 극명한 예로 해머까지 동원되면서 2008년 한국 사회의 세밑을 달구었던 '국회 폭력 사태'를 가장 쉽게 떠올릴 수 있다. 당시 그 자신도 민주주의를 외면하고 있다는 비판에 직면해 있던 대통령은 문제의 해머가 "민주주의와 나의 머리를 내려치는 것 같다"면서 맹렬히 비난했다. 언론도 사건을 대서특필하면서 대한민국 국회가 폭력 소굴이 되었다느니 정치가 실종되었다느니 하며 힐난하고 우려를 표했다. 2008년 9월 시작된 '세계 경제 공황'으로 인해 대다수 보통 사람들이 하루하루 생계를 이어 나가기가 더욱 힘겨워진 상황에서 이들의 고통을 어떻게 해소할 것인가 하는 문제는 극렬한 정치적 갈등과 상호 비방의 와중에 뒷전으로 밀려나 있었다.

최장집(1943~)

고려대학교 정치외교학과 교수를 지냈고, 김대중 정부에서 대통령 자문 정책기획위원장을 역임했다. 정책기획위원장 사임 후 '민주화 이후의 민주주의' 문제에 천착해왔다. 그의 주장은 학계는 물론 사회 전반에 큰 영향을 끼치고 있다. 주요 저서로 《한국 민주주의의 이론》(1993), 《한국 민주주의의 조건과 전망》(1996), 《민주화 이후의 민주주의 : 한국 민주주의의 보수적 기원과 위기》(2002), 《민주주의의 민주화》(2006), 《어떤 민주주의인가》(2007) 등이 있다.

따라서 서민들이 보기에 국회에서 일어난 사건은 삶의 질을 향상시켜줄 '희망의 정치'와는 상관없는 '정치 놀음'으로 비칠 뿐이었다. 우리가 현실에서 접하는 정당은 바로 이런 '나쁜 정치'의 중심에 서 있는 '조직적 주체'이다. 본디 정당은 민의를 대표하여 정부나 국회에 진출함으로써 국가의 주요 정책을 입안하고 결정하는 권한을 보유한다. 따라서 그들은 다수 국민의 이해와 요구가 반영된 정책을 실현해야 할 책임이 있다. 하지만 우리가 목격하는 현실은 그런 이상과는 너무나 거리가 멀다. 그런데도 과연 우리의 삶에서 정당이 중요할까?

미국의 정치학자 샤츠슈나이더E. E. Schattschneider(1892~1971)는 "정당이 민주주의를 창출한다"면서 정당 없는 현대 민주주의는 생각할 수 없다고 했고, 많은 사회과학자들이 그의 주장에 동의했다. 한국의 정치학자 최장집(1943~)도 최근 한국 정치의 현실을 바탕으로 현대 민주주의와 정당의 관계를 조명하면서 정당의 중요성을 역설한다.

샤츠슈나이더

하나의 사회에서 이를 구성하는 집단들의 이해관계와 추구하는 가치들이 다르기에 갈등과 균열은 당연할 뿐만 아니라 중요하다. 이때 민주주의는 각기 이해관계를 달리하는 사회 집단들이 정치적으로 조직되고 대표되어 민주주의 제도의 틀 안에서 타협하고, 일정한 내용의 잠정적인 합의를 이루어 결정에 도달하는 하나의 정치적 방

오늘날 정당 없는 국가는 거의 없을 뿐더러, 민주주의의 유지와 강화를 위한 부와 권력의 공정한 배분, 그리고 이를 위한 사회적 갈등의 반영과 조정은 결국 의회 정치를 통해 국정에 참여하고 있는 정당에 의해 이루어지고 있다.

법 내지는 제도적 장치를 의미한다. 만약 사회의 갈등하는 이해 집단들의 소리가 조직되고 대표되지 않는다면, 그것이 이루어지는 정치의 장이 개방되지 않는다면, 사회적 약자나 시장에서의 열패자들을 포함해 보통 사람들은 정치적으로 대표될 수 없고 그들의 권익을 실현할 수 있는 방법도 역시 없다. 민주주의에서 이런 역할을 하는 중심적 제도가 바로 정당이다. 즉 민주주의란 한 공동체 내에서 공적 결정을 만드는 틀이고, 그 민주주의에 내용을 불어넣고 만드는 것이 복수의 정당이라는 것이다. [최장집,《어떤 민주주의인가》(후마니타스, 2007), 27쪽]

외국 언론에 보도된 2007년의 여야 충돌 모습(왼쪽 사진)

한국 사회의 현실을 생각하면 정당의 역할에 대한 이러한 주장을 쉽게 받아들이기는 어렵다. 학자들의 시각도 우리의 삶과 동떨어져 있는 것인지 모른다. 정당의 '어두운' 현실과 그에 대한 대다수 사람들의 부정적 인식은 부인할 수 없는 사실이다. 그럼에도 불구하고 이 책은 샤츠슈나이더 이래로 많은 사회과학자들이 주장했던 것처럼 정당은 "현대 민주주의의 핵심적인 제도"라는 견해를 수용하고 지지한다. 즉 이 책은 민주주의의 발전을 위해서는 정당에 대한 이해와 고민이 필요하다는 전제에서 출발한다. 오늘날 정당 없는 국

가는 거의 없을 뿐더러, 민주주의의 유지와
강화를 위한 부와 권력의 공정한 배분, 그
리고 이를 위한 사회적 갈등의 반영과 조정
은 결국 의회 정치를 통해 국정에 참여하고
있는 정당에 의해 이루어지고 있기 때문이
다. 앨런 웨어Alan Ware 같은 정당학자가 "현
대 국가에서 정당 없이 정치가 존재한다는
것은 상상하기 어렵다"라고 한 것도 바로
이런 맥락이다. 웨어에 따르면 정당이 존재
하지 않는 현대 국가는 단지 두 종류가 있

절대 왕정 국가인
사우디아라비아의
압둘라 국왕

다. 하나는 페르시아 만에 위치한 소규모 전통 사회의 국가들처
럼 특정 가문이 여전히 사회를 지배하고 있는 경우이고, 다른 하
나는 정당 활동을 금지하는 군부 독재 권위주의 국가이다. 한국
사회는 현재 둘 중 어디에도 해당되지 않으며, 비록 국민의 신뢰
를 받지는 못하지만 복수의 정당들이 정치를 주도하고 있는 엄
연한 민주주의 국가이다.

2

정당에 대한 불신과 정당의 위기

1987년 민주화 이후 20여 년 동안 한국 사회에서는 일반 대중의 정치에 대한 냉소와 무관심이 점차 커져왔다. 투표율은 계속 하락했고 정부와 정당에 대한 국민의 불만과 불신도 매우 높은 상태다. 낮은 국정 지지도와 무당파층의 증가라는 지표를 통해 이를 확인할 수 있다. 많은 학자들이 정치 불신의 중요한 이유로 정당을 꼽는다. 정당이 사회 구성원들의 다양한 이해와 요구를 제대로 대변하지도 충족시켜주지도 못하고 있으며, 그렇기 때문에 사람들이 정치의 중요성을 인식하고 있음에도 불구하고 정치가 자신의 문제를 해결해줄 것이라고 기대하지 않게 되었다는 것이다.

2008년 5∼7월의 촛불 시위도 일반 대중이 정당을 불신하고 있는 현실을 선명하게 보여주었다. 당시 미국산 쇠고기 수입에 반대하며 자발적으로 시위를 전개한 시민들은 시위에 참석한 정치인들과 그들이 속한 정당에 비판과 야유를 보냈다. 국민의 생

무당파층

지지하는 특정 정당이 없는 유권자, 즉 '당파심'이 없는
유권자들을 가리킨다. 이들은 특정 정당과 자신이 가
깝다고 느끼는 '일체감'이나 특정 정당이 다른 정당보
다 더 좋다고 여기는 '선호' 등을 갖고 있지 않다.

〈표 1〉 민주화 이후 총선과 대선 투표율 추이

(단위 : %)

	1987	1988	1992	1992	1996	1997	2000	2002	2004	2007	2008
총선	–	75.8	–	71.9	63.9	–	57.2	–	60.6	–	46.1
대선	89.2	–	81.9	–	–	80.7	–	70.8	–	63	–

출처 : 중앙선거관리위원회 선거 데이터(1987~2008) 재구성

명과 안전을 위협할 수 있는 문제를 두고 일방적이고 독단적으
로 정책을 추진한 정부뿐만 아니라, 정부를 효과적으로 견제하
고 대안을 제시하지 못하는 정당들에 대해서도 강한 불만을 표
시한 것이다. 때문에 대부분의 정치인들은 시위 현장에서 연단
에 서서 발언할 기회조차 갖지 못했다. 시민들은 자신이 투표로
선출한 대표자들과 그들이 속한 정당이 어떤 말을 하는지조차
듣고 싶어 하지 않았던 것이다. 이런 불만은 대의제 민주주의의
문제점과 한계를 비판하는 데까지 나아갔다. 즉 선출된 대표자
들이 정당이라는 틀 안에서 국민의 뜻을 반영해야 하는 대의제
민주주의의 한계를 극복하기 위해서는 국민이 직접 정치에 참여
해 국가의 주요 정책을 결정하는 직접 민주주의가 유효할 수 있
다는 의견이 제시된 것이다.

　이와 같은 정당에 대한 불신은 한국만의 현상은 아니다. 의
회 정치와 정당의 출현이 일찌감치 이루어져 정당 정치의 발전

베트남 전쟁에 반대하는 시위대(미국 버지니아 주, 1967)

정당에 대한 불신은 한국만의 현상은 아니다. 정당 정치의 발전을 선도해온 유럽이나 미국 같은 '선진 민주주의 국가'에서도 정당에 대한 불신은 점차 커져왔다. 특히 2차 세계대전 이후 성립된 냉전 체제의 산물인 베트남 전쟁에 대한 반대, 그리고 권위주의적이고 엘리트가 독점하는 정치적·문화적 질서에 대한 청년들의 '반란'을 통해 기존 정치에 대한 불만과 불신이 집중적으로 표출되었다.

정당 쇠퇴, 정당 실패, 정당 위기

정당 연구자들은 정당 쇠퇴, 정당 실패, 정당 위기 등의 용어를 명확하게 구분하지 않은 채 사용하지만, 각각은 대체로 다음과 같이 서로 다른 특징을 가진다. 정당 쇠퇴론은 정당 일체감의 약화로 인한 지지율과 득표율의 장기적인 하락에 초점을 맞추고 있다. 정당 실패론은 기존 정당에 대한 유권자들의 불만과 불신 증대, 시민 사회 단체와 이익 집단들의 정치 참여와 개입 등 대안 조직체의 출현 같은 현상에 특히 주목한다. 그리고 정당 위기론은 정당 쇠퇴 및 실패로 인해 정당 조직의 고유 기능이 약화되었음을 강조한다. 정당 조직의 고유 기능이란 공직 후보자 선출, 국민의 이해 및 요구의 집약과 표출 등을 가리킨다.

을 선도해온 유럽이나 미국 같은 '선진 민주주의 국가'에서도 정당에 대한 불신은 점차 커져왔다. 특히 1960년대 말부터 그러한 양상이 두드러지게 나타났다. 2차 세계대전 이후 성립된 냉전 체제의 산물인 베트남 전쟁에 대한 반대, 그리고 권위주의적이고 엘리트가 독점하는 정치적·문화적 질서에 대한 청년들의 '반란'을 통해 기존 정치에 대한 불만과 불신이 집중적으로 표출되었다. 이 시기를 거치면서 기성 정당에 대한 시민들의 선호와 지지는 하락했다. 어떤 정당도 지지하지 않는 무당파층이 증가하고 투표 참여율도 낮아졌다. 당원의 숫자도 현격히 감소했다. 반면에 정당을 대신하려는 시민들의 자발적인 실천이 사회 운동 조직의 형태로 등장했다. 시민들이 자신의 삶과 관련된 문제를 직접 해결하고자 나선 것이다. 이런 상황에서 정당 정치를 연구하는 학자들을 중심으로 '정당 쇠퇴party decline' 및 '정당 실패party failure' 또는 '정당 위기party crisis'에 대한 주장들이 제기되었다.

3

정당의 중요성

민주주의의 핵심 제도

민주화 이후 실시된 정당 관련 여론 조사를 보면 우리 국민들은 정당을 불신하면서도 사회적으로 영향력이 큰 집단으로 정당을 꼽고 있다(〈표 2〉, 〈표 3〉, 〈표 4〉 참조). 이는 국민들도 정당의 중요성이나 필요성을 인정하고 있음을 시사한다. 즉 정당을 불신한다는 것이 정당의 중요성이나 필요성마저 부정하는 것을 의미하지는 않는다는 것이다.

유럽이나 미국 사회에서도 정당의 위기는 단지 이론적 차원에서 거론되어온 것이 아니라 정치에 대한 시민들의 무관심, 투표율 하락 같은 부인할 수 없는 현실로 입증되었다. 그럼에도 불구하고 정당은 여전히 현실 정치의 중심에 서 있다. 정당 위기의 시대를 거치면서 수많은 이익 집단이나 시민 정치 단체와 같은 대안 조직들이 출현해온 미국에서도 정치를 주도하고 있는 것

〈표 2〉 지난 10년간 한국 사회 기관 및 단체에 대한 신뢰도 변화 추이 I

(단위 : %)

	행정부	사법부	국회	정당	언론	시민 단체
1996	11.4	15.5	31.1	**5.3**	28.8	48.8
2003	6.6	11.9	3.8	**5.5**	20.2	48.0
2007	8.0	10.1	3.2	**2.9**	13.3	21.6

출처 : 서울대 사회발전연구소 · 동아일보 (2007. 10)

〈표 3〉 지난 10년간 한국 사회 기관 및 단체에 대한 신뢰도 변화 추이 II

(단위 : %)

	대학	군대	종교 단체	경찰	노조	대기업
1996	42.0	26.8	31.7	47.5	31.9	13.0
2003	26.6	30.3	28.3	-	22.3	13.3
2007	28.0	33.9	15.5	24.0	10.6	13.1

출처 : 서울대 사회발전연구소·동아일보 (2007. 10)

〈표 4〉 우리 사회 영향력 : 정치권력 vs 경제 권력

(단위 : %)

	정치권력	경제 권력
전체	**65.4**	29.7
열린우리당 지지층	**64.2**	33.9
한나라당 지지층	**70.8**	24.7
민주노동당 지지층	**63.4**	33.8

출처 : 한국사회여론연구소(2005. 7)

은 여전히 정당이다. 최근 '변화의 가능성'을 주창하며 미국뿐 아니라 전 세계의 주목을 끈 오바마Barack Hussein Obama(1961~)도 엄연한 정당 정치인으로서 미국 대통령이라는 자리에 설 수 있었다.

기성 정당에 대한 사회적 불만이 특히 강했던 유럽의 국가들에서도 정당 정치의 힘은 부인되지 않는다. 기성 정당을 대신한다며 생태 · 환경의 가치 등을 기치로 내걸고 등장한 사회 운동 조직들도 결국 정당이라는 조직 형태를 취했다. 물론 모든 사회 운동 조직이 정당이 된 것은 아니고, 또 '정당의 길'을 택한 경우에도 기성 정당들과는 다른 운영 원리와 방식을 취했다. 하지만 정당의 길로 들어선 이상 그들은 모두 자신들이 결성한 정당의 이름으로 공직 후보자를 내고 선거 경쟁에 참여함으로써 유권자들의 지지에 기대어 국가의 주요 정책 결정 과정에 참여하고 영향을 미치고자 한다. 독일 녹색당과 같이 1980년대 이후 유럽 각국에서 정당 정치의 구성원으로 새롭게 등장한 정당들이 그러한 예이다.

하지만 기성 정당에 대한 유권자들의 불만에도 불구하고 이들 새로운 정당들은 기성 정당들과의 경쟁에서 우위를 점하지는 못했다. 다만 기성 정당들이 포괄하지 못하는 생태, 환경, 반전 반핵과 평화, 여성주의 같은 새로운 가치를 표방하고 이런 가치를 기존 정치 과정에 투입하는 데 성공했을 따름이다. 그들은 집권 정당이 되지 못했고 앞으로 집권할 가능성도 그리 높지 않다. 물

그린피스

세계에서 가장 영향력 있는 국제 환경 보호 단체의 하나로 핵무기 반대, 고래잡이 반대, 생물다양성 보존 등 다양한 분야에서 활동하고 있다. 실력 행사를 하는 다소 공격적인 시위를 벌이는 것으로 유명하다. 1971년 캐나다 브리티시컬럼비아에서 설립되었으며, 본부는 네덜란드의 암스테르담에 있다.

유럽의 좌파-자유주의 계열 군소 정당

독일·스웨덴·룩셈부르크·스위스·아일랜드·오스트리아의 녹색당, 네덜란드의 녹색좌파, 노르웨이의 사회주의 좌파당, 덴마크의 사회주의 인민당, 벨기에 녹색당과 연합생태주의자, 스페인 좌파연합, 핀란드 녹색동맹 등이 있다. 대체로 1980년대에 창당했으며 원내 진출에 성공해 독자적인 정치 세력으로 등장했다.

론 그들 자신도 기성 정당들과 달리 집권 자체를 정당 결성의 목표로 삼지 않았다. 새로운 가치를 정치 과정에 진입시키고 그것을 사회 전반으로 확장하며 영향력을 확대하는 것이 그들의 정치 활동의 목표였다. 하지만 그러한 지향을 실현하기 위해 그들은——그린피스Greenpeace 같은 예외가 존재하기는 하지만——정당이라는 제도적 틀을 취했다. 서구 유럽의 역사적 경험을 살펴보면 '반反정당'적 사회 운동이라 하더라도 '반半정당'의 길을 걸음으로써 자신들의 위상과 역할을 유지하고 강화해왔음을 알 수 있다. 유럽 여러 나라에서 '좌파-자유주의' 계열 정당으로 불리는 군소 정당들의 경우가 바로 그것이다. 국가의 주요 정책 결정

독일 녹색당의 반핵
운동 시위

독일의 주택 점거
운동의 심벌

에 직접적인 영향을 끼치기 위해 여론을 형성해 압력을 행사하고, 국민 청원 같은 직접 민주주의 방식의 실천을 수행하는 사회 운동 조직 활동의 성패 역시 정당들과 얼마나 원활한 협력 관계를 만들어내느냐에 달려 있다. 가장 급진적인 반反정당적 사회 운동의 하나인 독일의 주택 점거 운동의 경우도 선거 정치에 조직적으로 참여함으로써 영향력을 확대할 수 있었다.

왜 사회 운동 조직의 정치 참여마저 결국 정당의 형태를 취할 수밖에 없었을까? 아직까지 다수의 시민들은 개별적인 유권자의 위치에서 특정 정당에 표를 던지는 행위를 통해 자신의 정치적 의사를 표명하고 있다. 정부와 함께 국정을 수행하는 역할에 있어 선거를 통해 대표성과 정당성을 획득하는 정당만 한 정치 제도가 없기 때문이다. 즉 시민들의 다양한 이해와 요구를 집약하고 표출하는 데 정당보다 더 효율적인 제도는 아직 등장하지 않았다.

그런데 왜 새로운 정당들은 기존 정당과의 경쟁에서 성공하지 못했을까? 여기서 주목할 것은 기존 정당들의 '창조적 적응' 능력이다. 정당이라는 제도가 위기를 겪으면서도 여전히 정치의 중심에서 그 존재와 형태를 유지해올 수 있었던 이유가 바로

68혁명

1960년대 후반 체코, 프랑스, 미국, 서독, 영국 등에서
청년 학생들이 주축이 되어 전개한 기성 정치 사회 질
서에 대한 급진적 저항 운동을 가리킨다. 이들은 탈권
위주의, 반전 평화, 인간 소외 극복 등을 주창하면서
그러한 가치들을 배제하거나 수용하지 못하는 기존 정
부와 정당, 의회 정치 등을 비판했다.

여기에 있다. 68혁명 이후 독일의 사회민주당과 같은 기존의 주
요 정당들은 자신들을 비판하는 사회 운동 세력이나 새로운 정
치 세력과 갈등을 일으켰다. 하지만 갈등을 겪으면서 새로운 정
치 세력과 시민이 원하는 변화를 받아들였다. 비판 세력이 제시
하는 새로운 가치를 수용해 정책에 반영했으며, 또 그 과정에서
사회 운동 조직들과 협력 관계를 형성하기도 했다. 이후 사회 운
동 세력과 정당 간의 경쟁과 협력은 유럽이나 미국 사회뿐만 아
니라 한국과 같은 신생 민주주의 국가에서도 쉽게 찾아볼 수 있
는 현상이 되었다. 정당은 이처럼 사회 운동과의 경쟁과 협력을
통해 체질을 개선하며 위기를 극복해왔다. 바로 이것이 정당 정
치의 유지를 가능하게 한 요인이다.

민주주의를 움직이는 정당의 기능

국내외의 역사적 경험을 통해, 정당이 위기를 겪으면서도 여전
히 현대 민주주의의 중심적인 정치 제도로서 존재하고 있음을
확인해보았다. 한편 현대 민주주의에서의 정당의 중요성을 '정
당의 기능'이라는 관점에서도 살펴볼 수 있다. 이는 정당의 중요
성을 이론적으로 규명하는 과정에서 제시된 것이다.

　1856년에 출간된 프리세Philip C. Friese의 《정당에 관한 에세이An
Essay on Party, Showing Its Abuse, and Natural Dissolution》는 정당의 기능에 대한

구체적인 논의를 담고 있는 가장 고전적인 저서이다. 프리세는 이 책에서 정당이 민주주의 정부의 핵심 기관임을 주창하면서 정당의 기능을 살펴본다. 프리세가 도출해낸 결론은 다음과 같다. "정당은 정부와 연관된 의견과 구상에 동의하고 토론을 통해 그러한 의견과 구상을 전파하기 위한 이중의 목적으로 조직된 시민 연합이며, 그러한 목적을 강력히 환영하는 사람들을 고위직에 충원하는 시민 연합이다." 여기서 의견과 구상의 전파란 여론 창출의 기능을, 고위직 충원은 공직자의 충원 기능을 의미한다. 프리세는 이 두 가지 기능을 정당의 "위대하고 특징적인 기능"이라고 보았다. 정당의 기능에 대한 프리세의 생각은 이후 정당에 대한 본격적인 연구가 이루어지면서 대부분의 정당 연구자들에게 수용되었다.

정당의 기능에 관한 논의는 근대적 의미의 정당이 출현한 20세기 초반부터 더욱 활성화되었다. 당시의 가장 선구적이고 체계적인 연구로는 미국의 정치학자 메리엄Charles E. Merriam, Jr(1874~1953)이 1920년대에 이룬 업적을 꼽을 수 있다. 메리엄은 부도덕한 정치 현실마저 학문 연구의 대상으로 드러내고자 시도하면서, 정치학에 사회학, 심리학, 사회심리학, 문화인류학을 도입해야 한다고 주장했다. 그는 《미국의 정당 체계The American Party System》(1923)를 저술하면서 정당의 기능을 다섯 가지로 정리했다. 공직자 선출, 공공 정책 수립, 정부의 운영 또는 정부 비판, 정치적

메리엄

"정당은 정부와 연관된 의견과 구상에 동의하고 토론을 통해 그러한 의견과 구상을 전파하기 위한 이중의 목적으로 조직된 시민 연합이며, 그러한 목적을 강력히 환영하는 사람들을 고위직에 충원하는 시민 연합이다."

―프리세

교육, 개인과 정부 간의 조정이 그것이다. 이후 많은 학자들이 메리엄의 연구를 첨삭하고 수정하면서 정당의 기능에 관한 이론을 발전시켜왔다. 이제 그러한 과정에서 도출된 정당의 일반적 기능을 살펴보자.

첫째, 이익의 표출과 집약이다. 이익의 표출이란 개인이나 집단이 정치에 대한 요구를 표현하는 것을 말하며, 이익의 집약이란 이들이 제기한 요구를 정책에 결합하는 것이다. 이러한 이익의 표출과 집약 과정을 '정치 과정'이라고 하는데, 이 과정은 정당이 선거를 기점으로 국민의 의사를 의회에 매개함으로써 수행된다.

둘째, 정부의 조직과 통제이다. 정당은 선거 결과에 따라 다수당과 소수당 또는 여당과 야당으로 나뉜다. 여당은 정권을 담당하고 야당은 정부에 대한 비판과 통제 기능을 맡는다. 즉 집권여당은 정부를 구성해 국민의 의사를 집약하고 생산적인 정책 결정을 수행하며 정권의 정당화 및 유지에 힘쓰는 반면, 야당은 건설적인 정책 대안을 제시하고 정부를 견제·비판한다.

셋째, 정치적 충원과 참여이다. 정치적 충원 기능이란 국회의원이나 정부 요직 등 공직을 맡을 정치 엘리트를 육성·발굴·선출하는 것을 말한다. 그리고 정치 참여 기능은 국민들이 공공 문제에 영향력을 미치려는 활동을 촉진하는 기능이다. 정당은 일반적으로 유권자의 지지를 확보하고 정치 참여를 유도하기 위

대한민국 국회의사당

정당의 일반적 기능을 살펴보면 이익의 표출과 집약, 정부의 조직과 통제, 정치적 충원과 참여, 정치 사회화, 사회 통합과 민주주의의 발전으로 정리할 수 있다. 정당은 이러한 기능을 보유하고 발휘함으로써 계속해서 민주주의의 핵심 제도로서의 위상을 차지하고 있다.

해 유권자들의 이익에 부합하는 정책을 제시할 뿐만 아니라 유권자들이 선호하는 인물을 후보로 내세운다.

넷째, 정치 사회화이다. 정치 사회화란 일반적으로 국민에 대한 정치 교육과 계몽 기능을 말한다. 정당은 자신의 이념과 정책을 선전해 선거에서 승리를 거두기 위해서 대중을 정치적으로 교육하고 계몽한다. 이념과 정책이 지지를 얻으려면 시민들이 그에 대한 충분한 이해와 지식을 가지고 판단할 수 있어야 하기 때문이다. 이러한 기능은 대체로 홍보, 교육, 유대 활동 등을 통해 이루어지고 있다. 정당은 신문, 서적, 강연회, 방송, 집회 및 시위 등을 통해 자신들의 정치적 입장을 선전한다. 또 교육 기관을 설치해 당 간부를 육성하고 이들로 하여금 당을 선전하도록 한다. 동호회 같은 사교 모임을 열어 당원들이 서로 교유하면서 유대감을 높이고 그 과정에서 당의 이념과 정책에 대한 지식을 교류하게 하기도 한다.

다섯째, 사회 통합과 민주주의의 발전으로, 가장 목적 지향적인 기능이다. 사회 통합 기능이란 계급 · 지역 · 문화 · 신분 · 세대 간의 갈등을 조정하고 완화하는 기능을 말하며, 민주주의 발전 기능은 권위주의 체제에서 민주주의 체제로 이행하고 민주주의를 공고화하는 과정에서 정당이 수행하는 역할을 말한다. 정당의 사회 통합 기능은 사회 갈등의 성격을 파악하고 여론의 동향을 조사한 다음, 선거에서 문제를 해결할 수 있는 정책을 제시하고, 승리하여 정권을 담당한 후 정책을 집행하는 과정을 밟는다. 민주화의 이행 및 공고화 과정에서 정당은 선거를 통해 민주적 경쟁 제도를 정착시키는 가운데 자신의 역할을 수행한다. 그리고 정치 통합을 이루어 안정적인 지지 기반을 확보하고 타협 내지 연합 가능한 세력을 형성함으로써 민주화를 공고히 한다. 이를 통해 민주화 과정에서 불가피하게 제기되는 정치 불안을 제거하고, 공식적인 의회 안에서 정치 과정이 이루어지도록 한다.

정당 간 경쟁에서 승리하는 정당들은 대체로 패배한 정당들에 비해 이러한 기능을 잘 수행하는 정당이라고 볼 수 있다. 그리고 정당은 이러한 기능을 보유하고 발휘함으로써 계속해서 민주주의의 핵심 제도로서의 위상을 차지하고 있는 것이다.

정당의 세 가지 목표

정당을 이해하는 데 중요한 것은 그것의 위상과 역할만이 아니다. 정당이 어떠한 '목표'를 추구하는지에 대해서도 주의를 기울여야 한다. 현실 정치에서 정당은 단지 민주주의의 작동을 위한 부속품이 아니라. 특정한 목표를 달성하기 위해 서로 경쟁하고 협력하고 갈등하는 행위자이기 때문이다.

정당은 대체로 세 가지 목표를 갖는다. 득표 추구, 공직 추구, 정책 추구가 그것이다. 이 세 가지 목표는 서로 모순되면서 또 보완적이다.

우선 득표 추구와 공직 추구를 보자. 대통령이나 국회의원 등의 공직을 획득하기 위해서는 보다 많은 득표가 필요하다는 점에서 이 둘은 상호 보완적이다. 현직 보유자가 대중 인지도가 높기 때문에 득표에서 유리하다는 주장도 있지만, 현재의 정당으로는 공직 획득에 필요한 득표를 달성할 수 없다고 판단하고 정당을 떠나는 정치인도 있다. 이것이 바로 기존 정당의 분열과 새로운 정당 출현이라는 보편적 정치 현상을 낳은 중요한 원인 가운데 하나다.

그런데 정당이 득표와 공직을 추구하는 경향이 강해지면 정당 고유의 이념과 정책을 등한시할 수 있다. 보다 많은 유권자들의 선호를 좇아가야 하기 때문이다. 노동자 계급을 대변하는 정당이 인구 구성상 다수를 차지하는 중산층의 이해와 요구를 중심으로 정책을 바꾸는 경우가 그런 예이다. 이러한 변화는 노동자 계급으로부터 이탈하려는 의도가 없을 때에도 일어날 수 있다. 정당의 이념과 정책을 실제 국가 정책으로 관철하려면 권력을 키워야 하고 따라서 각 정당은 더 많은 득표와 공직 획득을 필요로 하게 된다.

이는 개별 정당이 안정적으로 성장하기 위해서는 세 가지 목표 간의 균형과 조화가 매우 중요하다는 것을 의미한다. 또 정당 내부에서 서로 다른 목표를 추구하는 구성원들 간의 갈등을 어떻게 관리하느냐가 매우 중요한 관건이 될 수 있음을 시사한다.

2장

정당이란 무엇인가

개념 정의

정당의 개념과 역사적 기원

정당이 도대체 무엇이기에 정당 없이는 민주주의를 생각할 수 없고 정당 고유의 기능이 따로 있는 것일까? 이 장에서는 정당이 무엇인지 그 개념을 정의해보고 그러한 개념 형성의 바탕이 된 정당의 역사적 기원을 살펴보기로 한다.

정당에 대한 개념 정의는 쉬운 일이 아니다. 정당처럼 역사적 과정을 거치면서 그 특성이 지속적으로 변화해온 대상을 다양한 연구자들의 논의를 통해 개념적으로 포착한다는 것은 꽤나 어려운 일이기 때문이다. 그래서 사회과학의 많은 개념이 흔히 그렇듯이 연구자에 따라 매우 다양한 정당의 정의가 존재한다. 어떤 정치학자는 정당에 대한 정의가 '무수하다'고까지 했는데, 그만큼 정당을 하나의 명제로 간명하게 정의하는 것은 어려운 일이다.

정당에 대한 개념 정의를 살펴볼 때 유의할 점이 있다. 그것은

정당이라는 개념에 대한 정의가 먼저 내려지고 나서 정당이 만
들어지고 정당 정치가 이루어진 것이 아니라는 사실이다. 이미
정당이라고 불리는 정치 집단이 존재하고 이 집단이 정치의 중
요한 행위자 또는 제도로서 기능하고 있는 상황에서 개념 정의
가 이루어졌다. 그래서 정당 이론가인 사르토리Giovanni Sartori(1924
~2017)는 《현대 정당론Parties and Party System》이라는 저서에서 정당이
무엇인지를 규정하는 주요 구성 요건인 정당의 존립 근거, 즉 정
치 체계 내에서 차지하는 기능과 위치, 비중 등은 "이론에 의해
서 만들어진 것이 아니라, 실제 사건들의 연속적 발생에 따라서
규정"된 것이라고 했다. 정당에 대한 개념 정의는 정당이 실제로
무엇을 어떻게 하는가라는 '정당 현상'에 대한 경험적 관찰을 바
탕으로 내려질 수 있다. 정당의 역사적 기원을 함께 살펴보아야
하는 이유가 여기에 있다.

사르토리

제도로서의 정당

정당의 개념을 정의한다는 것은 정당이 다른 사회 정치적 제도
들과 어떻게 다른지 그 경계를 정하는 것과 같다. 정당을 현대
민주주의의 핵심 제도라고 정의하는 것만으로는 정당의 개념을
이해하는 데 충분치 않다. 현대 사회의 발전 과정에서 정당 이외
에도 중요한 정치 제도들이 창출되어왔기 때문이다. 정부, 의회,

사법 제도 등이 그 예이다. 뿐만 아니라 사회 운동 조직과 이익 집단은 정당과 유사한 기능을 보유하고 수행하면서 상당한 정치적 영향력을 행사하고 있기도 하다. 그럼 여타의 정치 제도와 정당을 어떻게 구별할 수 있을까?

정당을 정치적 제도라고 할 때, 우선 '제도'란 무엇인지부터 살펴보자. 사회과학에서 제도라는 개념에 대해서도 다양한 정의를 내릴 수 있는데, 정당이 민주주의의 발전 과정에서 형성된 정치적·조직적 주체라는 점으로 좁혀서 보다 유용한 정의를 참조해보자.

'역사적 형성'의 관점에서 제도를 파악하려는 연구자들이 있다. 이들은 제도를 "장기간에 걸친 인간 행동의 정형화된 패턴으로서, 개인과 집단의 행위와 의사 결정에 영향을 미치는 공식적·비공식적 제약 요인"이라고 규정한다. 이런 관점에서 제도에 대한 가장 포괄적인 정의를 내린 것으로 알려진 피터 홀Peter Hall(1932~2014)은 제도를 가리켜 "정치와 경제 각 부문에서 개인들 간의 관계를 구조화하는 공식적 규칙, 순응 절차, 표준화된 관행"이라고 말했다. 홀은 이러한 포괄적 정의에 입각해서 사회를 바라보는 추상 수준에 따라 제도에 대한 다양한 정의를 내리고 있는데, 그중 가장 널리 수용되고 있는 것이 "국가와 사회의 기본 조직 구조와 관련된 틀로서, 사회 집단 간의 세력 관계와 정책의 형성 및 집행에 영향을 미치는 조직적 특성"이라는 정의다.

역사적으로 형성된 것이다. 둘째, 공식적이거나 비공식적인 규칙과 절차로서 개인과 집단 등 사회 구성원의 의사 결정과 정치 경제적 이해관계에 영향을 끼친다. 셋째, 정책의 형성과 집행에 영향을 미치는 조직이다.

추상적 용어들로 구성된 홀의 명제를 이해하기 쉽도록 간략하게 재구성해서 정리해보자. 제도는 첫째, 역사적으로 형성된 것이다. 둘째, 공식적이거나 비공식적인 규칙과 절차로서 개인과 집단 등 사회 구성원의 의사 결정과 정치 경제적 이해관계에 영향을 끼친다. 셋째, 정책의 형성과 집행에 영향을 미치는 조직이다. 이를 종합해보면 제도란 '역사적으로 형성된 규칙과 절차를 통해 사회 구성원들 간의 이해 갈등에 영향을 끼치는 정책적 활동을 수행하는 조직체'이다.

제도에 대한 이러한 정의를 참조해, 메리엄의 제자이자 20세기 미국 정치학의 거두로 불리는 키V. O. Key(1908~1963)가 '제도로서의 정당'을 어떻게 정의하고 있는지 살펴보자. 그의 설명은 정당을 제도로서 이해하는 가장 기본적인 정의로 널리 활용되고 있기 때문이다. 키의 정의는 다음과 같은 특징을 보여준다. 첫째, 정당이 장기적인 관점에서 어떻게 지속적으로 발전하는지, 그때 가장 중요한 것은 무엇인지에 대한 답을 제공함으로써 정당을 역사적으로 형성된 제도로서 조망할 수 있게 해준다. 둘째, 정당은 유권자에게 공공 문제와 관련된 정보와 정책 의제, 이데올로기 등을 제공함으로써 사회 구성원의 의사 결정에 영향을 주는 제도이며, 이때 특정 사회 계층의 이해관계에 부합하는 당파성으로 인해 정치 경제적 이해관계에 영향을 주는 제도임을 규명하고 있다. 셋째, 정당이 선거 제도와 정부 그리고 입법부와도

유권자는 정당이 내놓는 정책을 평가하고 판단해 투표한다

키의 정의에 따르면 정당은 첫째, 유권자 속의 정당이다. 이는 유권자의 표를 구하기 위한 선거 운동 제도로서의 정당을 의미한다. 이때 정당은 사회의 공공 문제에 대한 견해를 통해 이미지가 형성되고 유권자들에게 명성을 얻어 만들어지는 창조물이다.

관계를 맺고 있으며 그러한 관계 속에서 활동하는 주체들로 구성되는 조직임을 명시함으로써 정당이 정책의 형성과 집행에 영향을 끼치는 제도임을 이해할 수 있게 해준다.

키의 정의에 따르면, 정당은 다음 세 가지 핵심적인 활동을 수행하는 조직화된 제도이다. 그의 설명은 미국 정당에 대한 분석을 바탕으로 나온 것이지만, 모든 민주주의 국가의 정당에 적용될 수 있다.

첫째, 유권자 속의 정당이다. 이는 유권자의 표를 구하기 위한 선거 운동 제도로서의 정당을 의미한다. 이때 정당은 사회의 공공 문제에 대한 견해를 통해 이미지가 형성되고 유권자들에게 명성을 얻어 만들어지는 창조물이다. 정당은 공공 문제에 접근하기 위한 정보를 얻는 지름길 역할을 하고 정책의 결정 과정에 참여하거나 정책 결정을 돕는 장치로서 기능한다. 키는 특히 정보를 얻는 지름길이라는 성격을 매우 중요하게 여겼는데 이 과정에서 정당의 특별한 역할이 창출된다고 보았기 때문이다. 이데올로기, 인물, 정책 의제의 제공이 바로 그것이다. 즉 계속 발전하는 정당은 장기적으로 특정 정치인의 존재나 다양하고 새로운 정책 의제를 제공함으로써 명성을 쌓아간다. 키는 특히 정당이 지속적으로 성장하기 위해서는 그 정당만의 고유한 명성과 이데올로기를 창출하는 정책에 기초한 활동이 가장 중요하다고 보았다. 흔히 비전vision 혹은 정책 대안이라고 불리는 활동이 그것이다.

둘째, 정부 속의 정당이다. 이는 정부와 입법부를 조직하는 제도로서의 정당을 말한다. 이러한 역할 속에서 정당은 정책 목표를 이행하고 이견과 반대를 조직하거나 조정하며 정부의 활동을 책임지거나 견제한다.

셋째, 조직체로서의 정당이다. 즉 활동가, 자원, 선거 전문가로 구성된 제도이자 국민과 정부 간의 협의를 수행하는 주체로서의 정당이다. 이 협의는 가시적으로 나타날 수도 있고 그렇지 않을 수도 있다. 또 정부로부터 자율적인 차원에서 혹은 정부의 주도로 이루어지는 것이기도 하다.

〈표 6〉 제도로서의 정당의 특성과 기능

유권자 속의 정당	투표자들을 위한 선택지의 단순화 시민 교육, 정체성과 충성심의 상징 형성 참여를 위한 인민 동원
조직으로서의 정당	정치 리더십 보급과 정부 공직자 모집 정치 엘리트의 훈련, 정치적 이익 표출 정치적 이익 집약
정부 속의 정당	정부에서 다수 창출, 정부 조직, 정책적 목표 이행 이견과 반대 조직, 정부 행위의 책임성 보장 정부의 행정 기능 통제, 정부의 안정성 함양

출처 : Dalton and Wattenberg eds., Parties without Partisans : Political Change in Advanced Industrial Democracies(oxford University Press, 2002), 5쪽

달턴Russel J. Dalton과 와텐버그Martin P. Wattenberg는 키의 관점에 입각해 제도로서의 정당의 특성과 기능을 〈표 6〉과 같이 보다 명료하게 정리하고 있다. 앞에서 살펴본 정당의 기능에 대한 논의와 함께 참조하면 제도로서의 정당을 좀 더 분명하게 이해할 수 있을 것이다.

정당의 일반적 정의

지금까지 살펴본 제도로서의 정당 개념, 즉 선거 운동 제도로서의 정당, 입법부를 조직하는 제도로서의 정당, 조직체로서의 정당이라는 키의 정의를 전제로 정당에 대한 일반적 정의를 살펴보자. 키의 정의에서는 왜 유권자의 표를 얻기 위해 활동하는지, 입법부를 조직함으로써 무엇을 하려고 하며 그 효과는 무엇인지, 왜 다양한 구성원들이 정당에 참여하는지 등에 대한 명확한 이유가 제시되지 않기 때문이다. 웨어는 정치학자들이 일반적으로 정의하는 정당의 특징을 다음과 같이 정리하고 있다.

첫째, 정당은 국가 내에서 정권 획득을 목표로 여러 사람이 함께 활동하는 조직체이다. 대부분의 경우 정당은 복수의 사람들이 모여 단일 정당으로 또는 다른 정당과의 연합을 통해서 정권을 획득하고 국가를 통치하고자 할 때 비로소 정당으로 인식된다.

둘째, 정당은 목표를 추구하기 위해 정당한 수단을 사용하는 조직체이다. 정치학자들은 정당을 테러 집단이나 군사 집단과 구분할 때 이 점에 유의한다.

셋째, 정당은 선거 경쟁에 참여하는 조직체이다. 특히 정치학자들은 정당을 자유 민주주의라는 특정 체제에서 치러지는 선거에 후보자를 내보내는 집단으로 정의하면서 선거를 치르지 않는 체제에는 정당이 없다고 추론하기도 한다. 대부분의 정당은 설사 정권 참여 의도가 없다고 하더라도 정치적 입지를 확보하기 위해 선거를 활용한다. 유권자 지지 기반이 확고하지 않다면, 선거에 참여하지 않을 경우 다른 정당들에게 잠재적 지지자들을 빼앗길 수 있다. 그래서 정치학자들은 정당을 이익 집단과 구분할 때 선거 참여를 기준으로 삼는다.

넷째, 정당은 특정 사회 집단의 이익을 넘어서는 대표성을 추구하는 조직체이다. 이 정의는 정당과 이익 집단 또는 정당과 압력 단체 간의 경계를 제시해준다. 많은 정당이 사회의 다양한 이익을 통합하려고 하는 반면 이익 집단은 그렇지 않다는 것이다. 실제로 1945년 이후 자유 민주주의 체제에 속한 정당들은 가능한 한 넓은 범위의 이익을 포괄하려는 '포괄 선거 전략'을 써왔다는 주장이 널리 수용되었다.

다섯째, 정당은 비슷한 신조, 경향, 가치를 지닌 사람들이 모인 조직체이다. 이것은 정당론의 시조로 알려진 버크Edmund Burke(1729~1797)가 제시한 정의다. 즉 정당은 서로 견해가 비슷하고 그것을

버크

인도국민회의

1885년에 민족 정당 건설을 목표로 만들어졌으며 간디와 네루의 지도 아래 인도의 독립 운동을 이끈 정당이다. 1947년 8월 인도가 영국으로부터 독립한 뒤 오늘날까지 제1당의 지위를 유지하면서 계속 집권하고 있다.

퀘벡연합

퀘벡 분리주의자들의 정당. 캐나다 동부의 퀘벡 주는 1763년의 파리 조약에 의해 영국이 프랑스로부터 할양 받은 옛 프랑스 식민지이다. 주민의 80% 이상이 프랑스계로, 영어보다 프랑스어를 많이 사용한다. 퀘벡 분리주의자들은 캐나다 연방에 대한 퀘벡 주의 분리 독립을 주장하고 있다.

'조직화된 의견'으로 표출하는 사람들의 모임이다.

하지만 이러한 각각의 정의는 저마다 한계가 있다. 그러한 정의에 부합되지 않는 예외 사례들이 존재하기 때문이다.

첫째, 정권 획득을 목표로 하지 않는 정당이 존재한다. 어떤 정당은 국가 안에서 정권을 획득하려는 것이 아니라 국가 전복을 지향한다. 자본주의 국가의 소멸을 목표로 활동한 19세기 말의 공산당이 그 예이다. 또 간디M. K. Gandhi(1869~1948)는 인도국민회의의 목표가 영국으로부터의 인도 독립에 있다고 보았다. 캐나다의 퀘벡연합도 퀘벡이 캐나다 연방에서 독립하는 것을 목표로 할 뿐 정권 획득을 목표로 하지 않는다. 심지어 폴란드에는 삶의 질 향상이라는 맥락에서 맛있는 맥주를 제공하는 것을

인도국민회의 대표들
(뭄바이, 1885)

신페인당의 포스터

목적으로 하는 '맥주를 사랑하는 사람들의 당'도 있다. 또 영국의 '미치광이를 포식하는 괴물당'같이 아예 정치 조롱을 목표로 하는 정당도 존재한다.

둘째, 1930~40년대에 중국 공산당은 국민당 정부에 무력을 사용했다. 무력으로 체제를 전복하거나 유지하려는 명백한 의도 아래 만들어진 조직도 특정한 경우에는 정당으로 인정되는 정치적 분파가 함께 존재하기도 한다. 아일랜드의 신페인당은 아일랜드 공화군(IRA)을 두어 정치적 분파와 군사적 분파를 분리해 운영하고 있다.

셋째, 체제의 정통성 결여를 이유로, 또는 장기적인 목적 달성에 유리하다고 판단해 선거에 후보를 내지 않는 정당도 있다. 정당은 정부의 정책에 반대하거나 저항하기 위해서 때때로 선거 보이콧 같은 전략을 활용하기도 한다. 선거 보이콧은 선거에 참여하는 다른 정당의 정통성을 훼손하기 위한 방법이기도 하다.

넷째, 모든 정당이 사회의 광범위한 이익을 대표하는 것은 아니다. 예를 들어 독일의 '난민 정당'은 난민이라는 특정 집단의 이익을 대변했다. 노동자 계급 정당처럼 특정 계급의 이익을 대변하거나 퀘벡연합처럼 특정 지역의 이익을 대변하는 정당 역시 마찬가지다.

다섯째, 비슷한 견해를 가지고 모인 정당 내부에 심각한 이
견異見과 대립이 존재한다. 당내 파벌 갈등이 그것이다. 특히 카
리스마가 강한 지도자를 중심으로 운영되는 정당에서는 서로 다
른 이익을 대변하는 의견들이 존재한다. 페론이라는 지도자가
이끌었던 아르헨티나의 페론당이 대표적인 예이다. 페론당은 크
게 노동조합의 이익을 대변하는 세력과 산업 자본의 이익을 대
변하는 세력으로 양분되어 있었다. 1955년에는 페론당의 반영
국·반미국 노선과 기간 산업의 국유화 정책에 불만을 품은 국
내외 산업 자본 세력이 군부와 결탁해 쿠데타를 일으켜 페론을
축출하기도 했다. 일본 사회당도 당의 이념과 전략을 둘러싼 파
벌 갈등이 심각하기로 유명했던 정당이다. 한국의 민주노동당은
서로 다른 이념을 추종하는 파벌 간의 갈등으로 인해 2008년 2
월 두 개의 정당으로 나뉘었다.

웨어는 이와 같은 한계를 고려해 정당에 대한 일반적 정의를
다음과 같이 다시 정리한다. 정당이란 첫째, 종종 정부의 공직
을 차지하려고 시도함으로써 국가 내 영향력을 추구하는 집단이
다. 둘째, 사회의 특정 계급이나 계층, 지역에 국한된 단일 이익
을 넘어서서 어느 정도는 보편적인 전체의 이익을 추구하는 집
단이다. '종종'과 '어느 정도'라는 단어를 추가해 정당의 개념을
유연하게 해석함으로써 앞에서 살펴본 예외적 경우들을 납득할
수 있게 해준다.

정당에 대한 고전적 정의

이제 정당 연구자들이 자주 인용하는 정당에 대한 고전적 정의들을 살펴보도록 하자. 정당에 대한 일반적 정의 혹은 교과서적 정의는 바로 그들의 사유와 선행 연구에 기초해 종합적으로 고찰한 결과에서 나온 것이기 때문이다.

버크는 오늘날과 같은 현대 정당이 본격적으로 출현하기도 전인 1770년에 이미 정당이 무엇인지를 규정했다. 그에 따르면 정당은 "구성원들이 모두 동의하는 원칙에 기초해 공동으로 노력함으로써 국익을 증진하고자 하는 사람들의 연합체"이다. 목적은 수단을 필요로 한다. 정당이란, 국익 증진이라는 목표를 가진 사람들이 국가의 권력과 권위로써 그들 공통의 계획을 실행할 수 있게 해주는 적절한 수단이다. 버크는 역사상 처음으로 정당 개념을 정의했는데, 정당 연구자들이 그의 정의에서 특히 주목하는 것은 국익 증진과 구성원들이 공유하는 원칙 부분이다. 버크가 정당을 규정하면서 "구성원들이 모두 동의하는 원칙"을 언급한 것은 정당이 이데올로기의 측면을 고려해야 한다는 사실을 가리킨다. 그리고 국익 증진의 문제는 정당이 어떤 지점에서 '파벌factaion'과 구별되는지에 대한 중요한 기준을 제시해준 것으로서, 립셋Seymour Martin Lipset(1922~2006)과 로칸Stein Rokkan(1921~1979)이 정당을 "정치 사회적 통합의 수단"으로 보는 관점으로 계승, 발전되었다.

버크의 정의 이후 정당에 대한 개념 정의는 파벌과 같은 부정적인 정치 집단과 정당이 다른 것인지 아닌지 등을 둘러싼 오랜 논란을 거쳐, 근대 정당 정치가 본격적으로 전개되면서 다시 논의되었다. 아래의 정의들은 그러한 맥락에서 제기된 것들이다.

베버Max Weber(1864~1920)는 1918~19년 뮌헨 대학에서 "직업으로서의 정치"라는 제목의 강연을 하면서 정당이란 "그 활동 구성원을 위한 이상적 혹은 물질적 이익의 획득을 위해 권력을 확보하려는 목적을 가진 조직이며, 그 이익이란 일정한 객관적 정책의 실현이나 개인적 이익의 획득 혹은 그 양자로 구성된다"라고 했다. 이때 이상적 이익이란 이념적·정책적 신념의 관철을 의미하며, 물질적 이익이란 개인의 부의 증식을 의미한다.

베버

오스트리아 출신으로 케인스John Maynard Keynes(1883~1946)와 함께 20세기 전반을 대표하는 경제학자의 한 사람인 슘페터Joseph Alois Schumpeter(1883~1950)는 1942년에 출간된 《자본주의 사회주의 민주주의Capitalism, Socialism and Democracy》에서 버크와 다른 시각으로 정당을 정의했다. 그는 특히 정부 권력의 장악이라는 목표를 정당의 가장 중요한 특징으로 보았다. 버크가 국익이나 모든 구성원이 동의하는 원칙을 강조했던 것과 달리 슘페터는 "정당은 당원들이 모두 동의하는 어떤 원칙에 입각해 공공의 복리를 증진하고자 하는 사람들의 집단이 아니다……정당은 구성원들이 결속해

슘페터

정치 권력을 향해 경쟁적인 투쟁을 전개하는 집단"이라고 정의했다. 정당의 민주주의적 중요성을 역설했던 샤츠슈나이더도 같은 해 《정당 정부Party Goverment》라는 저서에서 "무엇보다도 정당은 권력을 획득하기 위한 조직적 시도이다……정당은 공적 약탈이라는 결집력에 의해서 결합되어 있다"라고 말했다.

공공 정책 및 공공 행정 분야의 권위자인 다운스Anthony Downs (1930~2021)는 1956년에 유명한 저작 《민주주의의 경제 이론An Economic Theory of Democracy》에서 보다 종합적이고 분석적인 관점에서 정당을 정의했다. 이 책에서 다운스는 국익이나 공공복리에 대해서는 언급하지 않지만, 모두가 동의하는 원칙과 목표를 가지고 공직이나 정부 권력을 획득하기 위해 노력하는 집단이라는 선행자들의 정의를 수용하면서, '선거'라는 민주주의적 제도와 절차를 통해 그것을 실현한다는 점을 강조한다. 즉 다운스는 "정당은 합법적 수단을 통해 통치 기구를 장악하려는 사람들의 연합coalition"이라고 정의했다. 이때 연합이란 "공통의 목적을 가지고 그것을 달성하기 위해 협동하는 개인들의 집단"을 의미하며, 통치 기구란 "정부가 노동 분업 내에서 차지하는 자신의 특수한 역할을 수행하기 위해 사용하는 물리적, 법적, 제도적 장치"이다. 그리고 합법적 수단이란 "공정하게 치러지는 선거나 정당한 영향력 행사"를 의미한다. 또 그러한 정의에 따라, "한 정당에 규칙적으로 투표하고 때때로 그 정당의 선거 운동에 시간과 돈을 할애하는 사람은, 비록 그가 공직을 추구하지 않더라도 그 정당의 구성원"이며, 따라서 "정당은 구성원 중의 누군가가 공직을 차지하도록 공동의 노력을 기울이는, 느슨하게 형성된 사람들의 집단"이다. 그리고 다운스는 '연합'의 중요성——개인으로서가 아니라 하나의 조직, 집단으로 모여 활동하는 것——을 강조하기 위해 "정당은 합당하게 실시되는 선거에서 공직을 얻음으로써 통치 기구를 통제하려는 사람들의 팀이다. 팀이란 그 구성원들이 목표의 일부분이 아니라 모든 목표에 동의하는 연합을 의미한다"라고 재정의했다. 이것은 "팀의 모든 구성원들이 다른 사람들과 정확하게 똑같은 목표"를 가지며, 그들의 목표는 단일하고 일관성 있는 선호 순위에 따라 정해진다는 의미"이다.

유럽 의회의 선거 포스터(이탈리아, 2004)

정당 연구로 유명한 미국의 정치학자 챔버스William Nisbet Chambers(1916~1987)는 1967년 〈정당 발전과 미국의 주류〉라는 논문에서, 근대적 의미의 정당은 비교적 지속적인 사회 구성체로, 공직이나 정부 권력을 획득하려고 하는 구조 혹은 조직이라고 정의했다. 그리고 정부 중심에 있는 지도자와 대중 지지자들을 연결하고, 집단적 관점과 정체성 혹은 충성의 상징을 만들어내는 구조 혹은 조직이라고도 정의했다. 이 정의에서도 공직과 정부 권력 획득을 다시 강조하고 있는데, 여기서 주의를 기울여야 하는 것은 지도자와 대중 지지자들의 연결이다. 정당이 정당 안팎에서 조직적인 구조를 갖추고 지도자와 당원 혹은 정치와 시민 사회를 연결하는 매개체임을 가리키는 규정이기 때문이다. 더불어 챔버스 역시 집단적 관점이나 정체성 등을 언급함으로써, 정당의 이데올로기적 측면을 함께 고려하고 있다. 이 밖에 정당의 요건으로 '지속성'을 제시하고 있다는 점도 주목할 만하다.

정치 발전·정치 변동 연구자인 라팔롬바라Joseph LaPalombara(1925~)와 웨이너Myron Weiner(1931~1999)도 정당을 다른 조직과 구분하는 요건으로 영속성이나 항구성을 제시하고 있다. 즉 그들은 정당을 "조직의 수명이 현 지도자들의 수명에 좌우되지 않고, 지역에 항구적이라고 볼 수 있는 조직들이 있으며, 지방과 전국 조직 간에 정규적인 의사소통 및 기타 관계를 유지하는 정치적 집단"으로 규정했다.

립셋과 로칸은 시야를 넓혀, 정당 자체에 주목하기보다 주로 정당들 간의 경쟁과 협력으로 이루어지는 정치 체계 내에서 정당이 실제로 어떤 역할을 해왔는지를 중심으로 정당의 의미를 규명하려 했다. 즉 그들은 1967년 발표한 논문 〈균열 구조, 정당 체계, 그리고 유권자 편성 : 서설〉에서 정당을 "투쟁의 담당자이며 동시에 통합의 도구"라고 정의했다. 우선 그들은 서구의 정당이 "서구 정치사를 일관하여 정치체 내에서 분열, 투쟁, 그리고 반대를 주도해왔다"며 정당을 "투쟁의 담당자"라고 규정한다.

"정치체의 구조가 무엇이든 정당은 정치적 동원의 핵심 담당자로서 역할을 수행해왔으며, 그에 따라 국지적 공동체들을 국가 전체 혹은 보다 넓은 연합체로 통합하는 데 기여해왔다."

—립셋·로칸

이 표현은 정당이 전체 정치 체계 내에서 특정 계급과 사회 집단의 이익을 대표하고 관철하는 집단임을 의미하는 것이다. 동시에, 립셋과 로칸은 "정치체의 구조가 무엇이든 정당은 정치적 동원의 핵심 담당자로서 역할을 수행해왔으며, 그에 따라 국지적 공동체들을 국가 전체 혹은 보다 넓은 연합체로 통합하는 데 기여해왔다"고 말한다. 정당이 단지 투쟁에만 열중하는 '분열주의자'가 아니라 정치 사회적 통합에도 기여해왔음을 강조하는 것이다. 이는 정당이 단지 사익만을 추구해 갈등과 분열을 일으키는 파벌과 구별되는 정치 집단임을 가리키는 것이다.

　이러한 고전적 정의는 1970년대부터 최근까지 정당이 무엇인지를 이해하는 데 유용한 길잡이 역할을 하면서 계속 영향을 끼치고 있다. 사르토리는 정당을 가리켜 "선거 때 공식 명칭을 제시함으로써 확인되고, 선거를 통해 후보자들을 공직에 앉힐 수 있는 모든 정치 집단", "'선거'에 후보자를 내세우고 선거를 통해서 후보자를 '공직'에 앉힐 수 있는 모든 정치 집단"이라고 규정한다. 정당 연구자인 엡스타인Leon D. Epstein(1919~2006)은 정당을 정부 공직자의 지위를 차지하려는 집단으로 정의했으며, 미국의 제40대 대통령을 지낸 레이건Ronald Reagan(1911~2004)은 "정부가 어떤 것이어야 한다는 믿음 때문에 단결해 있는 조직"이라고 보았다. 또 슐레진저Joseph A. Schlesinger는 정당을 가리켜 공직 선거에서 승리한 집단의 이름으로 정부에 대한 통제권을 획득하기 위해 조직된 집단이라고 했으며, 올드리치John H. Aldrich는 공직을 활용하고 장악하기 위한 엘리트들의 동맹으로서 규칙과 규범, 그리고 절차가 있는 조직이라고 정의했다.

정당은 무엇이 아닌가

결국 사로토리가 말한 것처럼 정당이 무엇인지 보다 분명하게 알기 위해서는 동시에 정당이 '무엇이 아닌가(혹은 무엇과 다른가)'를 알아야 한다. 파벌이나 사회 운동 단체, 이익 집단처럼 정당이 아니면서 정당과 혼동하기 쉬운 집단들이 존재하기 때문이다.

　파벌은 공공의 이익 실현을 목표로 하지 않는다는 점에서 정당이 아니다. 파벌이 역사적으로 정당에 선행한 정치 집단이기 때문에 흔히 정당이 파벌에서 유래된 것으로 간주되고, 두 집단이 종동 혼동되곤 한다. 물론 파벌은 지금도 존재한다. 또 특정 정당이나 정당 정치 일반이 공익 실현과 거리가 먼 '정략적' 행위에만 몰두할 때, 그것은 정당이나 정당 정치라기보다 파벌이나 파벌 정치로 취급된다. 반면에 그 실현 가능성을 떠나 파벌이 공익 실현을 위해 노력할 때, 파벌은 정당으로 평가받게 된다. 또 파벌에는 동일한 견해를 표방하기 위한 '보다 나은 세계'에 대한 비전, 그리고 그와 관련된 보편적 가치 · 신념 체계인 이

한국의 대표적인 시민 단체인 '참여연대'의 소액 주주 운동 모습.

사회 운동 단체는 공익의 관점에서 시민들의 의사를 집약하고 표출하며, 보다 나은 세계에 대한 비전과 이데올로기, 정책 등을 적극적으로 제시하고 그것을 관철하기 위해 정부에 영향을 끼치고자 한다.

데올로기가 없다. 설사 있다 하더라도 출신이나 학벌 같은 개인적 연고를 더 중요시한다.

사회 운동 단체는 정치적 공직 획득이나 정부 구성을 목표로 삼지 않으며, 선거에 조직적 차원에서 직접 참여하지 않는다는 점에서 정당이 아니다. 그럼에도 사회 운동 단체가 정당과 혼동되는 것은 공익 실현을 추구하기 때문이다. 그래서 사회 운동 단체는 '유사 정당quasi party'이라고도 불린다. 정치적 공직 획득이나 정부 구성, 그리고 그것을 위한 선거 참여를 제외하면 정당과 매우 흡사한 기능을 수행하기 때문이다. 사회 운동 단체는 공익의 관점에서 시민들의 의사를 집약하고 표출하며, 보다 나은 세계에 대한 비전과 이데올로기, 정책 등을 적극적으로 제시하고 그것을 관철하기 위해 정부에 영향을 끼치고자 한다.

이익 집단은 파벌과 마찬가지로 공익을 추구하지 않는다. 이익 집단은 특정 사회 집단의 이익을 위해 활동하는 조직이다. 그리고 사회 운동 단체와 달리 정치적 공직 획득이나 정부 구성을 목표로 하지 않는다는 점에서도 정당이 아니다. 그런데 이익 집단은 정치적 공직과 정부와의 관계에서 사회 운동 단체와는 다른 양상을 띤다. 이익 집단은 정치적 공직을 획득하거나 정부 구성을 위한 선거 경쟁에 직접 관여하지는 않지만, 조직 차원에서 특정 정당과 후보를 재정적으로 후원하거나 그들에게 정책 아이디어를 제공함으로써 '밀접한' 관계를 형성한다. 이런 활동을 통

해 각 이익 집단이 추구하는 것을 더욱 쉽게 달성할 수 있기 때
문이다.

2

정당의 기원

오늘날의 정당 제도는 언제, 왜, 어떻게 생겨난 것일까? 정당의
발생 및 성립 기원에 대해서도 연구자들은 저마다 다양한 입장
을 제시해왔다. 가령 영국 정당의 기원을 두고 엘리자베스 왕조
하의 의회파와 왕당파의 대립, 명예혁명 당시의 토리당과 휘그
당의 대립, 1832년 선거법 개정 등 여러 가지 설이 존재한다. 그

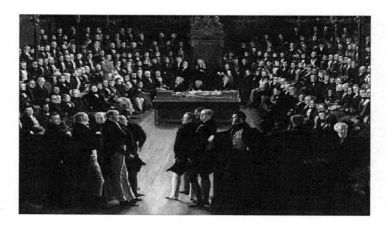

1832년 선거법
개정을 기념하는
헤이터George
Hayter의 회화 작품

대중 정치 참여의 개막을 알린 사건으로, 산업화에 따른 영국 정치 변동의 시작을 알린 신호였다. 그러나 노동자 계급은 선거권을 획득하지 못하는 등 개정의 내용은 매우 제한적이었다. 이러한 한계로 인해 1832년 선거법 개정은 노동자 계급의 선거권 쟁취 운동인 차티스트 운동의 계기가 되었다. 당시 보통 선거 실시, 의원 봉급 지급, 의원의 재산 자격 기준 폐지, 인구 비례에 의한 선거구 결정, 매해 선거 실시를 요구하는 탄원서를 작성한 참정권 운동가들을 '차티스트'라고 한다. 차티스트 운동은 1848년의 대규모 시위가 실패하면서 좌절을 겪었으나 1867년과 1884년의 선거법 개정을 통해 노동자의 선거권을 보장받게 되었다.

러나 19세기 중반 전후, 즉 민주주의의 또 다른 제도인 의회제와 선거권이 도입되고 확대되기 시작한 이 시기에서 정당의 기원을 찾는 것이 일반적인 견해이다.

러시아의 정치학자로 미국 정당 정치를 연구한 오스트로고르스키Moisei Yakovlevich Ostrogorski(1854~1921)와 베버는 1832년과 1867년에 영국의 선거법이 개정되고 이에 따라 의회 외부에서 대중 조직이 발생한 것에서 정당의 전통적 기원을 찾는다. 그리고 베버는 이를 단계별로 구분해 정당이 귀족 파

1832년 선거법 개정을 축하하는 인쇄물

벌, 명사들의 소집단, 국민 투표에 기초한 민주주의의 순으로 점진적으로 발생했다고 보았다. 본격적인 현대 정당 연구의 선구자로 꼽히는 뒤베르제Maurice Duverger(1917~2014)는 정당은 대체로 민주주의의 진전, 특히 보통 선거권의 확대와 의회 발전과 관련이 있다고 주장했다. 의회의 기능이 활성화됨에 따라 의회 구성원들은 의견을 같이하는 사람들끼리 집단을 이룰 필요성이 커졌고, 투표권의 확대로 늘어난 유권자의 지지를 얻기 위해 선거위원회 같은 보다 효율적인 조직이 필요하게 되었다는 것이다. 이 견해에 따르면 정당은 의회 집단과 선거위원회 같은 선거 운동 조직의 결합으로 발생한 것이다.

또 의회 밖에서 만들어진 정당도 있다. 이들은 선거권 확대를

조선 시대에 사상과 이념의 차이에 따라 노론, 소론, 남인, 북인으로 나뉜 네 당파를 말한다. 이들에 의해 이루어진 정치를 '붕당 정치'라고 하는데, 왕을 최고 통치자로 섬기면서도 관료들이 뭉친 둘 이상의 붕당이 공존하고 경쟁하면서 국정을 이끌었다. 본래 유교 정치 이념에서는 신하들끼리 무리를 짓는 붕당을 정치를 문란하게 하고 국력을 약화한다고 보아 배격했다. 하지만 서구와 마찬가지로 점차 정치 집단에는 '공도公道'를 실현하려고 군자들이 모인 당과 자신의 이익만을 좇는 소인들이 모인 당이 있는데, 군자의 당에 군주까지 직접 끌어들여야 한다는 생각으로 바뀌어갔다.

기반으로 해서 의회 안으로 진입한 경우이다. 따라서 정당의 기원은 두 가지로 나뉘는데, 의회 안에서 만들어진 것을 '내생 정당'이라고 하고 의회 밖에서 만들어진 것을 '외생 정당'이라고 한다.

이제 내생 정당과 외생 정당으로 나누어 정당의 기원을 살펴보자. 단 19세기 이후에 출현한 것으로 간주되는 현대 정당의 기원을 검토하기에 앞서, 의회제 및 선거권의 도입과 확대가 이루어지기 전에 나타난, 오늘날의 정당과 유사한 정치 집단들을 살펴본다. 오늘날의 정당은 그러한 정치 집단들과 구별됨에도 불구하고 정치 집단인 한 그들과 많은 부분을 공유하고 있기 때문이다. 당시의 정치 집단은 현대 정당의 '보다 오래된 기원'으로 고려할 수 있다.

현대 정당 기원의 전사前史

정당을 넓고 느슨하게 정의하면 정치를 하거나 하려는 사람들의 집단, 정치권력을 장악·유지하려고 하거나 정치권력에 접근하려고 하는 정치적 인간들의 집단이라고 할 수 있다. 사실 이런 의미의 정치 집단은 매우 오래전부터 있어왔다. 고대 아테네에는 평원당, 산문당, 해양당이라고 불리는 정치 집단이 있었고, 로마 공화국 때에도 빈민당, 부민당, 귀족당 등이 있었다. 조

프랑스 혁명 시기에 자코뱅이라는 도미니크파 수도원에서 정기적으로 모이던 사람들을 다른 장소에서 모이는 사람들과 구별하기 위해 자코뱅이라 불렀다. 이들이 상대적으로 급진적인 이념을 소유하고 있었기 때문에 프랑스 혁명 시기의 급진적 정치 집단을 가리키는 용어가 되었다. 대표적인 인물이 혁명기의 정치가 로

베스피에르이다. 아이러니하게도 로베스피에르는 "오직 '개인의 이익'에 의해서만 복수의 정당들이 생겨난다"고 보아 정당을 매우 불신했다. 물론 이때의 정당은 파벌을 의미하는 것이었다.

선 시대의 사색당파 역시 정치 집단으로 간주할 수 있다. 하지만 19세기 초까지만 해도 이러한 정치 집단은 정당이라는 이름을 얻지 못한 상태였다. 흔히 파벌이라고 불리거나 clique, club, group, committee 같은 이름으로 불렸다.

자코뱅 클럽 건물

정치 클럽 가운데 현대의 정당에 가장 근접한 기원으로 볼 수 있는 것이 프랑스 혁명 시기에 자코뱅으로 불리던 정치 집단이다. 자코뱅은 원래 1789년 베르사유에서 개최된 프랑스 제헌 의회에 참여한 브르타뉴 출신 지역 대표들의 카페 모임에서 유래한다. 이들은 자기 출신 지역의 이익을 보호하기 위해 정기적으로 카페 모임을 가지면서 '브르타뉴 클럽'으로 불렸다. 그러다가 점차 지역 문제뿐 아니라 국가 정책의 근본 문제에 대해서도 견해를 공유하게 되었고 이후 국가 정책에 대한 견해가 같은 다른 지역 대표들과도 함께하게 되었다. 이런 과정을 거치면서 단지 같은 지역 출신이라는 동질성을 넘어 공통된 견해를 갖는 이념적 모임으로 발전해갔다. 브르타뉴 클럽은 의회가 파리로 옮겨 감에 따라 수도원의 휴게실을 빌려 모임을 열었는데, 바로 이 수도원의 이름이 프랑스 혁명과 함께 명성을 떨친 자코뱅이다. 일부 연구자들은 절대 왕정에 대한 신흥 부르주아

지의 혁명적 투쟁과 그것의 해결 과정에서 자코뱅당이 생성되었음에 주목한다. 이들은 정당을 생성시키는 힘이 새로이 등장한 사회 세력 간의 투쟁에 있음을 처음 보여주었다는 의미에서 이 집단을 원시적 형태의 정당, 즉 '원정당protoparty'으로 간주하기도 한다. 이러한 관점에서 볼 때 현대 정당의 기원은 1832년 이전으로 올라가 자코뱅 같은 정치 클럽에서 찾을 수 있다.

　하지만 이러한 정치 집단들은 현 지도자의 수명에 구애 받지 않는 조직 수명의 영속성, 지역 조직의 보유, 중앙 조직과 지역 조직 간 의사소통 관계의 유지, 선거 경쟁을 통한 입법부에 대한 영향력 획득의 의지, 국민 지지를 바탕으로 하는 정부 장악 혹은 정부 견제, 명확한 정체성 같은 요건을 모두 갖추지 못했다는 점에서 정당과 다른 것으로 간주된다. 이러한 조건을 모두 갖춘 정당은 1830년대에 영국을 비롯한 유럽 여러 나라에서 나타나기 시작했다. 오늘날 유럽의 민주 국가에서 정당이라고 부르는 것은 대부분 이러한 조건을 갖춘 정당들이다.

의회 내적 기원

의회 내적 기원을 갖는 내생 정당들이 생성되는 과정은 다음 세 가지 단계로 요약될 수 있다. 우선 의원 집단을 결성하고, 그 다음 선거위원회를 조직하며, 마지막으로 의원 집단과 선거위원회가 항구적으로 결합함으로써 정당이 출현한다.

　의원 집단은 지역 선거위원회 같은 조직체를 갖게 되었다는 점에서 파벌과 구별된다. 정당 연구자들은 의원 집단이 만들어진 요인을 공통된 정치 이념, 지리적 인접성 그리고 무엇보다도 지위 보호 욕망 같은 개인적 이해관계에서 찾고 있다.

　이 세 가지 요인에 따라 의원 집단을 꾸린 지역 대표들은 저마다 선거권 확대를 위해 그리고 자신의 지역 선거구에서의 당선을 위해 지역 선거위원회 같은 선거 운동 조직을 활성화한다. 이전에는 명망 있는 소수 후보자들과 유권자들이 서로를 잘 아는 '개인적 관계'를 통해 선거 운동을 전개했지만, 선거권 확대로 유권자가 증대함으로써 개인적 관계에만 의존할 수 없게 된 것이다.

　그렇다면 지역 선거위원회는 어떻게 만들어졌을까? 19세기 영국에서는 후보자 자신이 직접 만드는 것이 가장 보편적이었고, 후보자가 추천한 집단이나 기존 단체 그리고 1848년의 프랑스에서처럼 신문이 만든 경우도 있었다. 그 밖에 특수한 환경이나 조건 때문에 생기기도 했다. 예를 들어 영국에서는 1832년의 대개정법에 규정된 유권자 등록제를 계기로 등록 협회가 생겼고, 미국에서는 다수의 공직이 선거에 의존하고 미국 정치에 무지한 이민자들이 계속 유입되는 상황에서 대통령 선거에서의 투표 분열을 막기 위해 지역 선거위원회가 발달했다. 즉 늘어난 유

잉글랜드의 예비 선거
연설 모습

권자들을 좀 더 많이 자신의 지지자로 조직하기 위한 선거 운동
기구의 필요성이 증대한 것이다.

　의원 집단과 지역 선거위원회는 처음에는 의원 개인에만 관련
되었다. 그러나 점차 의원들이 원내에서 공동 활동을 전개함에
따라 지역 선거위원회들이 간접적으로 제휴하게 되고 결국 정규
적인 유대로 발전하게 된다. 즉 의원 집단과 지역 선거위원회의
결합이 제도화되는 것이다. 바로 여기서 정당이 생성된다. 정당
이 창당된 후에는 선거위원회가 없는 지역 선거구에 선거위원회
를 만들기 위한 후원이 이루어진다. 이렇게 만들어진 지역 선거
위원회는 애초의 그것과 달리 중앙의 자극에 의해 만들어진 것

메이지 유신

일본 메이지 왕[明治王] 때에 무사 계급이 주도하는 막번[幕藩] 체제를 무너뜨리고 왕정복고를 이룩한 변혁 과정을 가리킨다. 일본은 이 유신을 통해 근대적 통일 국가를 형성하게 되었다. 경제적으로는 자본주의가 성립되었고, 정치적으로는 입헌 정치가 개시되었으며, 사회 문화적으로는 근대화가 추진되었다. 또 국제적으로는 제국주의 국가가 되어 천황제에 기초한 절대주의를 국가 구조의 전 분야에 구현했다.

이다. 이로써 정당 생성의 메커니즘이 지역 대표자들의 자발적 참여에 기초했던 것에서 중앙에 의한 지역 조직 창출이라는 방식으로 변화하게 된다. 미국의 현 민주당과 공화당, 19세기 중엽 스칸디나비아에서 등장한 최초의 보수 정당들, 비스마르크 시기 독일의 국민자유당과 진보당, 메이지 유신 때의 일본 자유당과 개진당 그리고 19세기의 이탈리아 자유당이 이런 경로를 통해 만들어진 대표적인 정당들이다.

의회 외적 기원

외생 정당은 의원과 관계없이 의회 밖에 있던 기존 조직이 집권 세력에 도전해 의회 내에서 자신들의 대표를 보유하기 위해 만든 정당이다. 즉 선거권의 제한 때문에 의회 제도로부터 배제되었던 세력들이 구성한 정당이다.

　의회 밖에서 정당을 만들 수 있는 조직은 대단히 많지만 뒤베르제는 특히 노동조합, 농업 협동조합 및 농민 단체, 사상 단체, 학생 단체, 공제 조합, 지식인 집단, 교회 및 종파, 재향 군인회, 비밀 결사 및 지하 조직, 상공인 단체 등을 중요한 조직으로 꼽는다. 이 중에서도 특히 노동조합, 교회, 지하 조직이 만든 정당들이 중요한 역할을 했다.

　내생 정당이 의회 내 의원 집단과 지방 선거위원회가 결합해

불의 십자가

불의 십자가는 1930년대 프랑스 최대의 극우파 세력
으로 반의회주의, 반마르크스주의, 극단적 민족주의
를 표방했던 파시즘 정당이다. 당시 최대 당원 수가
125만 명에 달했을 만큼 광범위한 대중적 지지를 확
보하고 있었다.

중앙당 조직을 만드는 것과 달리 외생 정당은 중앙당 조직이 먼
저 생기고 난 뒤에 지방 선거위원회가, 그리고 맨 뒤에 의회 내
의원 집단이 생긴다.

　19세기 후반 서구의 모든 사회(민주)주의 계열 정당, 그리고
20세기 초에 노동 계급의 정치 운동의 위협에 대응해 만들어진
독일과 이탈리아의 기독민주당, 가톨릭당 같은 정당들, 아시아
와 아프리카의 대부분의 초기 정당들 그리고 구소련의 공산당을
비롯한 전 세계의 거의 모든 공산당이 이 유형에 속한다.

　한편 스칸디나비아 국가들과 중부 유럽에는 농업 협동조합 같
은 농민 단체가 만든 정당들도 있다. 독일의 나치스나 프랑스의
불의 십자가Les Croix de Feu 같은 파시스트 정당은 제대 군인 단체

불의 십자가 집회
모습(1935)

등의 외부 집단과 연계되어 있었다.

〈표 7〉 유럽 주요 국가의 의회제 확립 및 선거권 확대 시기

	의회제 확립 시기	성인 인구 10퍼센트 이상에게 선거권을 부여한 시기	보통 선거 실시 시기
오스트리아	1919	1873	1907
벨기에	1831	1894	1894/1919
덴마크	1901	1849	1849
핀란드	1917	1907	1907
프랑스	1875	1848	1919
독일	1919	1871	1871
이탈리아	1861	1882	1913/1919
네덜란드	1868	1888	1918
스웨덴	1917	1875	1911
스위스	1848	1848	1848
영국	1832~35	1869	1918

출처 : Susan E. Scarrow, 〈근대 정당의 19세기 기원 : 바라지 않은 정당 정치의 출현〉, Richard S. Katz and William J. Crotty eds., Handbook of party Politics(Sage Publications Ltd., 2006), 18쪽

〈표 8〉 서구 유럽 주요 사회(민주)주의 정당의 결성 및 성장

	정당 결성	최초 의석	원내 제2당	원내 다수당	최초 내각 구성
네덜란드	1881	1888	1918	1952	1948
노르웨이	1887	1903	-	1927	1928
덴마크	1878	1884	1903	1924	1924
독일	1869	1871	1903	1912	1919
벨기에	1885	1894	1908	1925	1938
스웨덴	1889	1896	1914	1914	1920
스위스	1888	1893	1925	1935	-
오스트리아	1889	1897	-	1919	1919
영국	1893	1900	1922	1929	1924
이탈리아	1882	1892	1919	-	-
프랑스	1879	1893	1914	-	1936

출처 : 김수진, 《민주주의와 계급정치 : 서유럽 정치와 정치경제의 역사적 전개》(백산서당, 2001), 69쪽

정당과 의회의 관계

정당이 현대 민주주의의 핵심 제도로서 기능하는 데 매우 중요한 또 다른 정치 제도
가 의회이다. 정당들은 그 기원이 의회 안에 있든 밖에 있든 대부분 의회를 중심으로
활동한다.

정치학자들은 의회 정치의 기원을 17세기 영국의 청교도 혁명(1642~49년)과 명예혁
명(1688년)에서 찾는다. 그것을 거치면서 의회는 입법권을 확보하고 과세 및 상비군의
징집과 유지 등 국가 정책을 승인하는 기관으로 자리 잡아갔기 때문이다.

혹자들——사르토리에 따르면 영국 사람들——은 의회 정치가 본격적으로 시작된
18세기에 정당 정치가 시작되었다고 말한다. 근대 정당의 시초로 제시되기도 하는 토
리당과 휘그당이 명예혁명 이후 성장해 나갔기 때문이다. 이에 대해 사르토리는 정당
이 '통치하는' 것은 아니었다는 점에서 그것은 정당 정치가 아니라고 말한다. 하지만
사르토리는 정당 정치가 의회 정치의 소산물이라고 말한다. 이때 의회 정치는 의회에
대한 정부의 책임성을 강조하는 것을 가리킨다. 즉 정당 정치는 의회 정치의 형태로
등장한 민주주의적 책임 정치의 결과물로 간주된다.

정치학자들은 의회를 정책 결정, 대표, 체제 유지 같은 기능을 하는 제도로 규정한다.
정책 결정이란 공공 정책을 입안하고 그것을 법률로 제정하는 활동, 즉 입법 활동을
가리킨다. 대표란 국민을 대표하여 그들의 이해와 요구를 정부를 상대로 표현하는 활
동을 의미한다. 체제 유지는 국민의 대표자인 의회의 결정을 통해 체제를 안정시키고
존속시키기 위한 정책들을 도입하고 실시할 수 있다는 것을 말한다.

정당들은 이 의회 공간에서 자신의 이념과 정책을 구체화하며, 타 정당이 장악한 행
정부에 대한 견제와 감시 활동을 수행한다. 이러한 활동을 수행하는 데 필요한 권한
은 의회 진입을 통해 가장 효과적으로 확보할 수 있다. 선거에서 얻은 유권자들의 지
지를 바탕으로 합법적 정치적 대표자로서의 위상과 역할을 획득할 수 있기 때문이다.

3장

정당 모델은 어떻게 변모해왔는가

정당 역시 다른 사회 제도와 마찬가지로 역사 발전에 따른 정치 사회적 변화에 따라 그 특성이 변화하는 역사적 제도이다. 정당 연구자들은 근대 정당 정치가 시작된 후 지금까지 전개된 정당 변화의 과정과 내용을 '엘리트 정당, 대중 정당, 포괄 정당, 선거 전문가 정당, 카르텔 정당, 기업형 정당'이라는 다수의 정당 모델로 유형화한다. 그리고 각각의 정당 모델의 특성을 네 가지 주요 차원, 즉 발생 기원, 유권자와의 관계, 이데올로기, 조직적 형상 등에 초점을 맞추어 도출해낸다.

  정당의 발생 기원 측면에서는 정당이 의회 안에서 만들어졌는지, 밖에서 만들어졌는지 혹은 정당이 국가와 시민 사회 중 어디와 더 가까운지 등을 기준으로 각 정당 모델의 특징을 추출한다. 유권자와의 관계 측면에서는 주로 어떤 유권자층에 지지를 호소하는지에 주목한다. 이데올로기 측면에서는 이데올로기의 기반이 개인인지 사회 집단인지 그리고 정당 간 경쟁에서 이데올로기가 얼마만 한 비중을 차지하는지 등이 기준이 된다. 조직적 측면에서는 당원과 당원 조직(지구당을 비롯한 부수 조직들)의 중요성, 중앙당의 위상, 재정 자원과 인적 자원의 확보 및 충원 구조, 선거 운동의 방식과 수단이 무엇인지에 관심을 기울인다.

그런데 정당의 진화 및 변모 과정을 정당 모델이라는 관점에서 살펴볼 때 유의할 점이 있다. 바로 정당 모델 간의 '연속성'이다. 후속 모델의 정당은 선행 모델의 모든 특성과 완전히 절연함으로써 만들어진 것이 아니라, 선행 모델을 기반으로 삼아 그것을 재설계하면서 만들어진 것이다. 예를 들어 포괄 정당 모델은 대중 정당 모델을 기원으로 하며, 대중 정당 모델의 일부 특성을 가지고 있다. 각각의 정당 모델은 기원, 선거, 이데올로기, 조직 등 정당의 주요 특징에 있어서 차이점은 물론 유사점도 함께 갖고 있다. 예를 들어 대중 정당 모델의 조직적 특성이기도 한 중앙당·지구당 같은 조직 구조는 현재에도 여전히 유지되고 있다. 다만 후속 모델들에서는 중앙당의 통제력 약화 등 관계 속성에서 변화가 일어난다. 따라서 외형적인 조직 구조보다는 그것이 실제 어떤 방식으로 움직이는지에 주의를 기울이면서 각 정당 모델의 고유성을 포착해내야 한다.

1

엘리트 정당

최초의 근대 정당은 보통 선거권이 도입되기 전인 19세기 후반에 등장한 엘리트 정당의 형태를 띠었다. 엘리트 정당 모델은 1860~1920년대에 존재했는데, 의회 내 의원들 간의 '느슨한' 연계를 바탕으로 출현했다. 당시에는 일정 금액 이상의 재산을 보유한 남성들만이 선거권을 가질 수 있었다. 또 엘리트 정당의 의원들은 중산층 이상의 저명인사들이 주축을 이루었으며, 이들은 이미 정치 사회적으로 영향력을 행사하고 있었다. 따라서 의원과 유권자 그리고 정당과 유권자들 간의 연계는 약할 수밖에 없었다.

엘리트 정당은 국가의 중앙 집중화, 영토 범위, 경제 과정에 대한 지역의 자율성과 국가 개입의 수준을 놓고 이데올로기 경쟁을 했다. 정당에 소속된 의원들은 무엇이 국익인지에 대해 매우 다양한 견해를 가지고 있었지만, 이를 둘러싼 정당 간 경쟁은 비교적 제한되어 있었다.

코커스

코커스란 제한된 수의 정당 간부나 선거인단이 모여 공직 선거에 나설 후보자와 지명 대회에 참석할 대의원을 선출하는 모임을 일컫는 말이다.

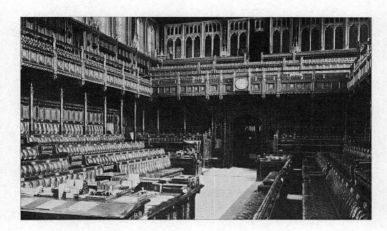

영국 하원
의사당의내부(1851)

엘리트 정당은 폐쇄적이고 지역적인 간부 회의, 즉 코커스caucus의 구성원들이 주도하고 있었다. 그래서 뒤베르제는 엘리트 정당을 '간부 정당cadre party'이라고 불렀다. 의회 밖에는 지역 선거구별로 최소한의 조직만 있었는데, 이 조직들의 역할은 선거 시기에 공직 후보자를 모집하는 것이 다였다. 나치와 파시스트와 볼셰비키를 비교 연구한 노이만Sigmund Neumann(1904~1962)은 엘리트 정당이 의원 개인들에 의해 주도되고 대표되며 단지 의원 개인의 양심에 따라 책임을 진다는 의미에서 '개별적 대표 정당party of individual representation'이라고 불렀다.

엘리트 정당에 속한 의원들은 정치 활동이나 선거 운동에 필요한 재정 자원을 스스로 충당했다. 따라서 당 중앙의 권위와 통제는 약할 수밖에 없었다. 선거구의 지지자들 역시 정당이 아니라 개별 후보에게 재정 지원을 했다. 개인이 주도하는 엘리트 정당은 보통 선거권 실시로 정치 참여의 제한이 사라지고 유권자가 증대함에 따라 지지를 동원하는 데 어려움을 겪게 된다. 즉 '대중 민주주의'의 출현이 엘리트 정당 모델을 대중 정당 모델로 전환하게 만든 것이다.

대중 정당

피선거권은 물론 선거권도 없어 의회라는 주요한 정치 영역에서 배제되어 있던 사회 집단들이 새로운 형태의 정당을 만들어냈다. 대중 정당mass party이 등장한 것이다. 대중 정당은 의회 밖에서 만들어졌기 때문에 '외부 창조형 정당'이라고 불리기도 하며, 배제되었던 사회 집단을 정치 체제 안으로 통합했다는 의미에서 '대중 통합 정당' 또는 '사회적 통합 정당'이라고도 불린다. 대중 정당은 특정 계급이나 사회 집단 내에서의 정체성만을 가지고 있던 대중들을 정당이라는 하나의 공동체로 통합하고 나아가서는 고유한 이데올로기에 따라 그들을 정치화했다.

대중 정당은 특정한 계급과 종교에 기반을 둔 사회 집단에 지지를 호소했다. 노동조합, 교회, 상공인 단체 등이 주요한 대상 집단이었는데, 지지를 호소하는 과정에서 이데올로기의 중요성을 강조했다. 즉 보다 나은 세계에 대한 비전을 제시하고 이것을 중심으로 강한 결속력을 획득했다. 가장 대표적인 예가 바로 사

회주의, 또는 사회주의에 기초한 노동자 계급 중심주의다. 사회
주의는 노동자 계급의 지지를 확보해 당원 가입으로 연결하고
그들이 당의 활동에서 매우 중요한 역할을 하도록 했다.

정당 조직에 관한 매우 정교한 이론을 제시한 이탈리아의 정
치학자 파네비안코Angelo Panebianco(1948~)는 대중 정당 조직에서 이
데올로기가 차지하는 중요성과 이데올로기 수용자 또는 열성분
자들의 중심적인 역할을 강조했다. 대중 정당의 이데올로기는
당의 언론 매체와 지구당 같은 당 조직 기구를 통해 당원들의 사
고방식에 깊이 스며들었다. 당원들은 당의 이데올로기에 기초해
세계관을 형성했고, 그에 따라 무엇이 더 중요하고 어디에 우선
순위를 두어야 하는지를 정했다. 대중 정당의 이데올로기는 기
존 권력 집단들의 이데올로기와 달랐으며, 대중 정당들 간에도
각 정당의 기반이 되는 이념에서 차별성을 띠었다. 이는 지지 기
반으로 삼고 있는 계급·사회 집단들의 이해관계가 달랐기 때문
인데, 대중 정당들은 기반 세력의 이익을 관철하기 위해 이데올
로기와 행동의 우선순위를 달리했다. 이 때문에 대중 정당이 활
성화되었던 시기는 정당 간의 이데올로기 경쟁이 치열했던 때이
기도 하다.

엘리트 정당이 저명인사들의 출마 등으로 당의 엘리트를 충
원한 것과 달리, 대중 정당의 엘리트들은 당의 이데올로기와 관
련된 조직 기구 및 교육 시스템을 통해 충원되었다. 대중 정당은

대중 정당의 이데올로기는 당의 언론 매체와 지구당 같은 당 조직 기구를 통해 당원들의 사고방식에 깊이 스며들었다. 당원들은 당의 이데올로기에 기초해 세계관을 형성했고, 그에 따라 무엇이 더 중요하고 어디에 우선순위를 두어야 하는지를 정했다.

사회·경제·정치 권력의 급진적 재분배라는 목표를 갖고 있었기에 강한 규율과 광범위한 조직 틀로 당원들을 결속시켰다. 당원들은 지구당 외에도 여러 부수 조직들의 촘촘한 네트워크를 통해 일상적으로 결합했으며, 지구당은 대중 정당의 기초 조직 단위 역할을 했다. 엘리트 정당의 코커스가 폐쇄적이었던 것과 달리 대중 정당의 지구당은 계속 당원을 늘려가기 위해 일정한 조건을 갖추면 누구나 가입할 수 있는 개방적 성격을 띠었다. 또 코커스가 선거 시기에만 활동하는 것과 달리 지구당은 평상시에도 정례 회의 등을 통해 일상적 활동을 전개했다. 활동의 목표나 내용 역시 단순히 선거를 위한 것이 아니라 당원들의 정치 교육 등에 초점을 두었다. 이를 통해 당원들을 이데올로기를 중심으로 조직화하고 당의 새로운 엘리트를 육성했다.

　대중 정당은 전국적 수준에서 중앙 집중화된 관료제를 정착시켰다. 대중 정당의 지도자들은 전국적 회의체에서 공식 절차를 통해 선출되었다. 이는 당내에서조차 치열한 이데올로기 경쟁과 선거 경쟁을 치르게 함으로써 때때로 당내 갈등과 분열이라는 바람직하지 않은 결과를 가져오기도 했다. 당내 경쟁에서 승리하기 위해서는 당 밖의 경쟁자뿐만 아니라 당내 경쟁자들과도 차별화되는 이데올로기와 조직 기반을 확보해야 했기 때문이다. 그러나 의원직 등의 공직에 선출된 이들을 비롯한 당의 모든 대표자들은 선출 절차를 통해 단지 대표성을 위임받은 존재로 간주될 뿐, 의회 밖에 있는 지도부의 통제와 감시를 받았다. 결국 공직 진출은 당의 이데올로기를 이행하기 위한 도구로 기 능하게 되었다.

독일의 정치학자이자 사회학자인 미헬스Robert Michels(1876~1936) 는 정당 조직에 관한 고전적 명저인《정당사회학 : 근대 민주주 의의 과두적 경향에 관한 연구Zur Soziologie des Parteiwesens in der modernen Demokratie : Untersuchungen über die oligarchischen Tendenzen des Gruppenlebens》에서 대 중 정당에 대한 초기 관찰을 통해 대중 정당이 관료적 합리화 과 정을 겪는 것에 주목했다. 미헬스는 대중 정당이 선출되지 않은 소수의 엘리트가 당 활동을 위한 자원과 소통 수단에 대한 통제 권을 획득해가는 '과두제' 경향을 보이며, 그것은 피할 수 없는 '철의 법칙'이라고 주장했다. 그러한 과두제 경향이 불가피하든 아니든 간에 대중 정당은 조직적으로 위계질서를 구축해갔다. 대 중 정당의 중앙 조직은 하향식 구조이며, 지구당 같은 지역 조직 은 당의 사회적 지지 기반을 넓히기 위한 '침투력' 신장의 차원에 서 만들어진다. 이러한 수직적인 조직 질서는 중앙(당) 차원에서 당 활동을 하기 위한 자원을 모아내게 했다.

미헬스

대중 정당에서 당원들은 매우 중요한 위치를 차지했다. 대중 정당이라는 이름 자체가 '당원 대중'이라는 말에서 유래된 것이 다. 당원은 당과 유권자를 연결하는 매개이자 당 이데올로기의 수용자이자 당의 예비 엘리트로서, 대중 정당의 가장 핵심적인

1930년 독일 중앙당의 선거 운동 모습

대중 정당에서 당원들은 매우 중요한 위치를 차지했다. 당원은 당과 유권자를 연결하는 매개이자 당 이데올로기의 수용자이자 당의 예비 엘리트로서, 대중 정당의 가장 핵심적인 위치에 있는 존재였다. 특히 대중 정당은 당원들의 당비로 운영되었기 때문에 이들은 선거 운동이나 일상적인 당 활동을 위한 재정의 원천이기도 했다.

이탈리아의 인민당

1919년에 교황청의 후원을 받아 가톨릭의 정치적 대변자로서 결성되었다. 1926년 무솔리니 추종자들에게 비합법 정당으로 몰려 해체되었다가, 파시스트당 정부의 몰락 후 1942년에 파시즘에 반대하는 부르주아지·대지주·상공업자·농민·가톨릭 노동자 등을 기반으로 재건되면서 기독민주당으로 이름을 바꾸었다. 현재 여러 계층을 망라한 지지 세력을 구축하고 있는 이탈리아 최대의 초계급 정당이다.

위치에 있는 존재였다. 특히 대중 정당은 당원들의 당비로 운영되었기 때문에 이들은 선거 운동이나 일상적인 당 활동을 위한 재정의 원천이기도 했다.

대중 정당 모델 하면 주로 영국 노동당이나 독일의 사회민주당 같은 노동자 계급 대중 정당을 연상하게 된다. 그러나 종교에 기반을 둔 2차 세계대전 이전의 독일 중앙당이나 이탈리아의 인민당 등도 대중 정당에 포함된다. 특정 종파의 대중 정당이었던 이들 정당 역시 선명한 이데올로기를 내세워 자신들의 프로그램을 효과적으로 수행하기 위해 정부 권력을 차지하려고 했으며, 이를 위해 다수의 투표자들에게 지지를 호소했다. 물론 이때에도 이들 정당은 특정한 종교 집단을 동원했다.

포괄 정당

유럽을 중심으로 등장한 대중 정당들은 지지자나 추종자들을 정치체로 통합하고 당의 여러 부속 조직들을 전국 차원의 복지 국가로 대체하는 데 성공했다. 그럼에도 불구하고 대중 정당 모델 역시 역사의 변화에 직면해 다른 정당 모델로의 전환을 요구받았다. 2차 세계대전이 끝난 뒤 1950년대에 높은 경제 성장과 복지 국가의 발전으로 대표되는 전후 부흥기를 겪으면서 대중 정당 모델은 포괄 정당catch-all party 모델로 변형되기 시작한다. 이러한 변형은 역사의 변화에 유연하게 적응하려는 대중 정당들의 실천이기도 했다. 이런 의미에서 포괄 정당의 발생 기원은 대중 정당이라고 할 수 있다. 연구자들은 1950년대부터 현재에 이르기까지 포괄 정당 모델이 지속되고 있다고 본다.

전후 부흥기를 거치면서 숙련 노동자, 화이트칼라, 공공 부문의 노동자나 공무원 등으로 구성된 '새로운 중간 계급'이 출현했다. 이들의 출현은 다양한 사회 구성원들이 풍요로운 삶을 향유

1950년대 미국
중산층의 풍요로움을
보여주는 집안 내부

하려는 공통의 이해관계가 형성되고 사회 경제적 양극화가 감소
되었음을 의미했다. 대부분의 선진 산업 사회가 국가의 재정 지
원으로 경제적 약자의 사회 보장을 실현하는 복지 국가를 지향
함에 따라 이들 사회에서 오랫동안 심각한 정치적 대립 축을 이
루었던 계급 균열이 약화된 것이다. 이러한 변화의 와중에 대중
정당은 이데올로기가 온건해지고, 원칙을 엄격하게 따져 정치적
반대를 일삼는 태도를 완화하면서 점차 포괄 정당으로 변모했
다. 포괄 정당은 '정당 간 협력'을 주된 정치 규범으로 정착시키
면서 국가를 경영하는 데 주안점을 두었다.

　이러한 정당 변화를 가장 먼저 체계적으로 포착한 연구자는 전후 부흥기에 계급 균열이 약화되면서 대중 정당은 이데올로기가 온건해지고, 원칙을 엄격하게 따져 정치적 반대를 일삼는 태도를 완화하면서 점차 포괄 정당으로 변모했다.

키르크하이머Otto Kirchheimer(1905~1965)이다. 키르크하이머는 1954년 독일 정당 체계를 분석하면서 처음으로 포괄 정당의 개념을 제시했다. 그 후 포괄 정당은 정당 제도를 둘러싼 논쟁의 핵심을 차지하게 된다. '무엇을 정당으로 볼 것인지'의 문제를 제외하면 정당을 둘러싼 논쟁은 사실상 포괄 정당이라는 정당 모델을 둘러싼, 그것과 관련된 '대중 정당 위기'를 주요 축으로 하는 '정당 쇠퇴'에 관한 것이었다고 해도 과언이 아니다.

키르크하이머는 이탈리아 기독민주당, 독일 기독민주연합, 프랑스 신공화국 연합, 그리고 독일의 사회민주당과 영국의 노동당 같은 '제한된' 사례를 통해 포괄 정당론을 정식화했다. 그럼에도 그는 서구 유럽의 많은 나라에서 포괄 정당으로의 전환이 널리 진행되고 있다고 보았다. 키르크하이머에 따르면, 대중 정당이 포괄 정당으로 변화하는 과정은 다음과 같은 다섯 가지 요소를 포함한다.

첫째, 정당의 이데올로기를 추구하는 신념이나 이론의 중요성이 감소한다. 둘째, 상층 지도부와 집단의 관점이 특정 계급이나 사회 집단의 이익 · 정체성보다 사회 전체 시스템의 효율성 증진에 기여해야 한다는 방향으로 변화한다. 셋째, 당원의 위상과 역할이 포괄 정당을 형성하는 데 장애가 되는 역사적 잔재로 전락한다. 넷째, 지지를 호소함에 있어서 사회 계급적 기반의 중요성이 약화된다. 다섯째, 선거와 재정 측면에서 이익 집단에 대한 접근성이 강화된다.

　포괄 정당은 대중 정당과 달리 특정 계급이나 사회 집단이 아닌 보다 광범위한 유권자들의 지지를 얻고자 한다. 이 과정에서 정당과 유권자 간의 연계가 느슨해지고, 이데올로기의 중요성은 자연스럽게 약화된다. 특정 계급이나 사회 집단과 고정된 관계를 유지하면서 그들의 이익을 대변하고 관철하기 위한 이데올로기를 고수하는 것으로는 광범위한 유권자들의 지지를 구하기 어렵기 때문이다. 그런데 이처럼 유권자에게 지지를 호소하는 방식이 변하고 당 정체성에서 이데올로기의 중요성이 감소함으로써 당원들의 지위와 역할 역시 약화된다. 광범위한 유권자들에 대한 지지 호소는 당원들이 속한 특정 계급이나 사회 집단과의 관계망을 통한 지지 호소의 중요성을 떨어뜨리고, 그 과정에서 당과 유권자 사이에서 매개 역할을 했던 당원의 역할이 사라지기 때문이다. 또 세계관을 제공하고 행동의 우선순위를 정해 주었던 이데올로기가 약화됨으로써 전반적으로 당원으로서의 정체성이 약해지고 결국 당의 응집력이 떨어지게 된다. 게다가 당원을 대신할 안정적인 지지 기반이나 재정적 원천을 확보하기 위해 이익 집단과의 관계에 보다 집중하는데, 따라서 포괄 정당에서는 재정적 원천으로서 당원이 담당하는 의미도 퇴색된다.

　거꾸로 정당 지도자나 지도부의 권한은 강화된다. 당원이 빠져나간 자리를 정당 지도자들이 대신하면서 그들에게 권한이 집

대립 쟁점과 합의 쟁점

대립 쟁점이란 개별 정당 고유의 이데올로기에 기초해 이념과 정책을 경쟁하는 과정에서 형성되는 쟁점을 의미한다. 한국의 경우 보수 세력과 진보 개혁 세력 간의 이념 논쟁을 일으키는 국가보안법 폐지, 사립학교법 개정을 둘러싼 갈등이 그 예이다. 반면 합의 쟁점은 문제의 해결 능력과 효율성을 중시하는데, 최근 한국 사회의 주요 의제로 부각된 일자리 창출과 녹색 성장 등의 문제가 여기에 해당된다.

중되기 때문이다. 또 특정 계급이나 사회 집단의 이익을 관철하기 위해 이데올로기를 주창하면서 정체성을 피력하는 것보다 선거 승리와 집권이 더 중요해짐에 따라 정당을 대표하는 지도자나 공직 후보자로 나설 '인물의 중요성'을 강조할 수밖에 없기 때문이다. 이런 변화 속에서 당원 경력을 쌓지 못한 인물도 대중매체 등을 통해 유권자들과 접촉함으로써 당의 명실상부한 얼굴이 되고 당 지도자가 될 수 있다. 그리고 재정 지원 역시 공직에 당선될 가능성이 높은 당 지도자에게 집중된다.

한편 포괄 정당의 등장으로 계급 균열을 바탕으로 한 이데올로기 차별성 경쟁이 약화되면서 정치적 쟁점 역시 탈이데올로기화된다. 즉 '대립 쟁점position issue'보다 구체적인 문제의 해결 능력과 효율성을 중시하는 '합의 쟁점valence issue'의 비중이 더 커지게 된다. 키르크하이머는 이와 관련하여 정치 경쟁 혹은 정당 간 경쟁에 있어 포괄 정당 모델 시기에는 정당들이 초계급적 지지 호소로 수렴되며, 좌우파 정당 모두 사회 민주주의적 이데올로기를 수용함으로써 계급 갈등을 해결해왔다고 주장했다. 우파 정당들은 복지 국가와 경제 계획의 필요성을 수용했으며, 좌파 정당들은 수정 자본주의 같은 온건한 이데올로기를 채택했다는 것이다. 이에 따라 정권 교체를 통한 정부 정책의 변화는 더 이상 일어나지 않았고 모든 정당과 지도자들은 서로 매우 밀접하게 협력하게 되었다. 즉 정치적 반대의 공간이 거의 남지 않게 되었다.

4

선거 전문가 정당

지금까지 살펴본 것처럼 포괄 정당의 주요한 특징은 선거 승리 강조, 당원의 위상과 역할 감소, 이데올로기의 중요성 감소와 구체적 해결 능력 및 효율성 중시, 정당 지도자 중심의 인물 정치 부각과 대중 매체를 통한 정당 지도자와 유권자의 접촉 증대, 이익 집단과의 연계 강화 등이다. 그런데 이러한 특징은 포괄 정당을 '선거 전문가'가 주도하는 정당electoral-professional party으로 규정짓는 것이기도 하다. 이런 의미에서 포괄 정당과 선거 전문가 정당을 하나로 묶어 '포괄적-선거 전문가 정당'이라고 부르기도 한다.

1980년대부터 정당 변화에 대한 논의는 포괄 정당의 연장선에서의 선거 전문가 정당 논의로 발전된다. 선거 전문가 정당 모델을 가장 먼저 제시한 사람은 파네비안코이다. 그는 그동안 진행된 대중 정당의 변형과 포괄 정당으로의 전환에 관한 논의에서 특히 정당 조직의 전문화 측면이 소홀히 다루어졌다는 사실에 주목했다.

베버나 미헬스, 뒤베르제 등이 보기에 민주적인 정치 체제의 지배적 정당 모델이었던 대중 정당은 정당의 지도자, 정당 관료, 평당원, 정당을 지지하는 계급 또는 집단으로 연결되는 구조로 이루어져 있었다. 하지만 파네비안코는 포괄 정당으로 전환한 현대 정당이 관심의 초점을 당원보다는 유권자로 이동시킴에 따라 정당 내에서 각 분야의 전문 지식을 갖춘 전문가들의 역할이 중요해졌다고 보았다. 파네비안코는 전문가를 정당 내 전문가, 정당과 연계된 공공 부문 내 전문가, 변호사·교수·언론인 같은 준전문가 등으로 분류하고 있다.

정당이 보다 광범위한 유권자의 지지를 확보하려면 대중 매체를 통한 커뮤니케이션의 중요성이 커지게 된다. 따라서 정당 조직은 당원들의 활동을 기반으로 하는 '노동 집약형'에서 텔레비전 등 대중 매체의 전문적 활용을 중시하는 '자본 집약형'으로 전환되었다. 이 과정에서 이데올로기가 아니라 정당 지도자나 공직 후보자의 '이미지'에 의존하는 인물 중심 정치의 부각은 후보자 중심의 선거 운동을 가져왔고, 상징 창출이나 조작에 능한 전문가들의 중요성과 영향력을 더욱 크게 했다. 이처럼 선거 전문가 정당에서 정당 조직의 성격이 변화함에 따라 대중 정당 시절 각종 정당 조직을 일상적으로 운영하고 관리하던 정당 관료들의 자리를 특화된 능력을 지닌 전문가와 경영자들이 대신하

케네디는 1960년
치러진 제35대 미국
대통령 선거에서
준수한 용모와 뛰어난
토론 능력 덕분에
닉슨과의 텔레비전
토론을 성공적으로
이끌었고, 결국
대통령에 당선되었다

게 된다.

대중 정당, 특히 강력한 정당 관료제에 바탕을 둔 관료적 대
중 정당과 구분하여 선거 전문가 정당의 주요 특징을 정리해보
면 다음과 같다.

첫째, 선거의 측면에서 포괄 정당과 마찬가지로 보다 광범위
한 유권자들에게 지지를 호소하는 유권자 중심 정당이되, 유권
자와의 연계 고리가 약하다. 둘째, 이데올로기 측면에서는 탈이
데올로기화에 따라 전문적 준비가 필요한 합의 쟁점을 중시한
다. 셋째, 조직의 측면에서는 당원들에 비해 정당 지도자나 공직
당선자의 역할이 커지고 당 관료의 역할은 전문가들에 의해 대

체된다. 그리고 엘리트는 이익 집단이나 국가의 공공 부문에서 주로 충원된다. 정당의 재정 역시 당비나 정당이 운영하는 수익 사업체의 이익금보다 국고 보조나 이익 집단의 정치 자금 기부에 더 크게 의존한다.

5

카르텔 정당

대중 정당이 포괄 정당으로 전환함에 따라 당원의 중요성이 감소되고 당 조직이 전문화되면서, 또 정당과 특정 계급 및 사회 집단 사이의 연계가 끊어지면서 정당 활동을 통한 시민들의 정치 참여가 봉쇄되는 상황이 빚어졌다. 이 때문에 시민들은 기존 정당이 아니라 새로운 정당 혹은 새로운 사회단체에 참여하는 것을 더욱 선호하는 경향을 보였다. 이에 따라 기존의 정당이 수용하지 못하는 단일 쟁점을 다루는 집단들이 생겨났으며, 이를 기반으로 포괄 정당과는 다른 새로운 이데올로기에 기초한 정당이 등장하게 된다. 독일을 필두로 유럽 각국에서 출현한 녹색당이 대표적인 경우이다.

이러한 상황에서 포괄 정당으로 전환한 기존 정당들 간에 생존을 위한 일종의 '정치적 공모' 관계가 형성되었다. 이 공모 관계는 국가와 정당 간의 공모로까지 이어졌다. 기존 정당들은 단일 쟁점 집단 등 새롭게 등장한 정치 사회 세력들과 치열한 경쟁

유전자 변형 식품에 반대하는 독일 녹색당의 선전물(2005)

대중 정당이 포괄 정당으로 전환함에 따라 시민들의 정치 참여가 봉쇄되자 시민들은 기존 정당 대신 새로운 정당 혹은 새로운 사회단체에 참여하는 것을 더욱 선호하는 경향을 보였다. 이에 따라 기존의 정당이 수용하지 못하는 단일 쟁점을 다루는 집단들이 생겨났으며, 이를 기반으로 포괄 정당과는 다른 새로운 이데올로기에 기초한 정당이 등장하게 된다. 독일을 필두로 유럽 각국에서 출현한 녹색당이 대표적인 경우이다.

을 벌이면서 선거 운동과 정당 운영에 소요되는 자원의 국가 보조를 독점하는 방식으로 생존하고자 했다. 카츠Richard S. Katz와 마이어Peter Mair는 이러한 정당 정치의 현실에 주목해 카르텔 정당 cartel party 모델을 제기했다.

카츠와 마이어에 앞서 포괄 정당론을 제기한 키르크하이머는 포괄 정당으로의 전환에 따른 정당의 기능 변화를 추적하면서 다음과 같이 정치적 공모를 유형화했다. 첫째, 중도 포괄 정당들 간의 카르텔이다. 이는 공직을 유지하기 위한 카르텔로서, 이들 정당은 중요한 정책 이슈에 대한 합의를 도출해낸다. 이로부터 각 정당은 자신들의 고유한 목표에 바탕을 둔 정치적 반대를 자제하고, 그 결과 각 정당의 정체성에 입각한 진정한 의미의 정치 경쟁은 소멸된다. 이러한 공모는 의회로부터 행정부로 권력을 이동시킨다. 이 과정에서 정당 간 카르텔은 견고해지고, 급진적 정당들은 공모 관계에서 점점 배제된다. 둘째, 국가-정당 간의 카르텔이다. 즉 정당이 자신의 사회적 기반과 분리되면서 국가와 융합하기 시작한다. 이때 정치는 직업 정치인에 의한 '국가경영'으로 그 의미가 축소되며, 의회의 권력은 국가 경영권을 장악한 정당이나 '정당 정부'로 넘어간다. 셋째, '정당-국가-막강한 이익 집단'으로 구성되는 '삼각 카르텔'이 만들어진다. 키르크하이머는 포괄 정당들이 이데올로기가 아니라 이익 집단의 지원을 바탕으로 대규모 유권자 집단의 지지를 얻어 선거에서 승리하고자 한다고 지적했다. 이 과정에서 정당들은 점차 이익 집단에 종속된다. 마지막으로, 행정부와 주요 정당 지도부 간의 공모는 사법 권력과의 공모로까지 이어진다.

카츠와 마이어는 이러한 공모의 유형 중에서 특히 국가와 정당 간의 공모를 강조한다. '공모 정당'은 집단의 생존을 위해 국가의 대행자 역할을 하면서 국가의 자원을 활용한다. 카츠와 마이어에 따르면 이런 현상은 정당이 국가 제도 안에서 '식민화'되는 것이다. 국가는 정당 조직과 정당 활동을 법으로 규제하고, 정당은 점차 국가가 제공하는 국고 보조금에 의존하게 되기 때문이다. 또 기존 정당들은 그러한 공식적이고 법적인 규제를 바탕으로 새로운 정치적 도전자들보다 유리한 위치를 차지하려고 한다.

카르텔 정당화는 민주주의의 핵심 제도인 정당의 약화를 불러온다. 약화된 정당은 의회와 시민을 매개하고 대표하는 본연의 임무를 잊고 공모 관계에 있는 집단들과의 '후원-수혜' 관계에 빠져들면서 정치 부패의 위험에 노출된다. 이는 곧 정당이 국가와 결탁 관계에 있는 주요 정치 엘리트들의 '도당'이 됨을 의미한다.

6

기업형 정당

정당 모델 가운데 가장 역사가 짧은 것은 '기업형 정당business-firm party'으로, 1990년대에 등장한 것으로 간주된다. 포괄 정당과 선거 전문가 정당의 등장은 유럽형 정당의 '미국화' 현상으로 거론되었다. 하지만 카르텔 정당과 기업형 정당 모델은 정당의 미국화 경향 속에서도 유럽에서 나타난 특유한 정당 현상으로 제시된다.

기업형 정당에는 두 가지 기본 유형이 있다. 하나는 이미 존재하는 영리 기업이 정치적 프로젝트에 활용되는 경우이고, 다른하나는 예측하기 힘든 완전히 새로운 형태의 조직으로 나타나는경우이다. 정당 연구자인 홉킨J. Hopkin과 파올루치C. Paolucci는 첫 번째 유형의 예로 베를루스코니Silvio Berlusconi(1936~)가 이끄는 이탈리아의 포르자 이탈리아Forza Italia를 들고 있다. 그들은 두 번째 유형은 앞으로 새롭게 출현할 것이라고 주장한다.

홉킨과 파올루치에 따르면, 기업형 정당은 카르텔 정당과는 그동안 정당 연구자들은 대중 정당은 유럽형이고 엘리트 정당은 미국형이라고 인식해왔다. 그런데 대중 정당이 약화되면서 엘리트 정당의 성격이 강한 포괄 정당과 선거 전문가 정당이 등장함에 따라 유럽형 정당이 점차 사라지고 미국형 정당으로 수렴되어간다고 간주된다.

포르자 이탈리아

이탈리아 최대 재벌인 베를루스코니가 1993년에 만든 정당. 탈기독민주주의·탈자유주의·탈사회주의를 기치로 내건 중도 우파 정당으로, 2001년~2006년 동안 집권했다. 2008년 총선 후 다시 총리가 된 베를루스코니는 최근 총선 파트너였던 극우파 세력과 연합해 자유국민당을 창당하고 총재직을 맡았다.

다르게 국가가 아니라 사적 부문에서 정당 활동을 위한 자원을 가져온다. 이익 집단에게서 재정 지원을 받기도 하지만, 이는 기업형 정당의 주요 원천이 아니다. 이익 집단은 정당의 주요한 커뮤니케이션 경로가 아니다. 기업형 정당은 엘리트 정당과 마찬가지로 선거 시기에만 자원을 동원하는 경량 조직을 필요로 한다. 당원 수는 적을 것이고, 활용되는 자원 대부분이 선거 운동에 쓰일 것이다. 최소 규모의 관료제로 운영되며, 대부분의 일이 정당 외부 전문가들의 '외주'를 통해 진행될 것이다. 정당의 활동과 과제가 모두 고용-피고용이라는 공식적인 계약 관계에 의해 수행된다는 의미인데, 이 점이 기업형 정당의 핵심을 이룬다. 기업형 정당에서 정당은 그 자체가 목적이라기보다는 정치적 공직 같은 지위를 획득하기 위한 도구로 보아야 할 것이다. 이데올로기 역시 정당의 목적이 아니다. 정책은 기업이 생산하는 상품과 같이 시장 조사에 기초한 수요 지향적 관점에서 만들어진다. 이때 가장 대중적인 정책은 다름 아닌 매력적인 후보이다. 기업형 정당의 리더십은 개인의 대중성, 대중 커뮤니케이션에 있어서의 당 외부 전문가들에 대한 무제한적 접근과 같은 것들인데, 이는 권력이 과도하게 정당 지도자에게 집중된다는 점에서 정당의 취약함을 드러내는 것이기도 하다.

〈표 9〉 정당의 변화

특성	엘리트 정당	대중 정당	포괄 정당	카르텔 정당	기업형 정당
시기	1860~1920	1880~1950	1950~현재	1950~현재	1990~현재
발생 기원	의회 내부	의회 외부	이익 집단과 합병 혹은 연계된 대중 정당	원내 정당과 국가 기구와 이익 집단의 융합	정치적 기업가의 사적인 창시
유권자 관계					
유권자 호소와 사회적 지지	사회적 지위가 높은 제한된 유권자에 대한 개인적 접촉	계급이나 종교와 같은 사회적 균열에 기초한 특정한 사회적, 종교적, 인종적 집단에 호소	핵심 지지 집단을 넘어 광범위한 중간 계급에 호소	우호적인 정책과 지지를 교환하는 '단골 고객'에 호소	유동성이 높은 '선거 시장'에서 소비자로서의 투표자에 호소
사회 기반과 엘리트 충원 유형	사적 차원에서 직접 모집. 상층 계급 소속으로부터의 지원	내부 교육 체계를 통한 이데올로기적이고 조직적인 참여를 바탕으로 한 계급과 종교에 기초해 내부적으로 모집	다양한 이익 집단에서 외부로부터 모집	국가 관료를 주로 모집	사적 차원에서 직접 모집
이데올로기					
정당 경쟁의 이유	개별 후보의 전통적 지위	사회 집단의 대표	공적 부문의 경영의 질	집행 부서의 분화로 생겨난 권력 유지	정치적 상품으로서의 이슈와 개인적 특성
정당 경쟁의 범위	개인의 지위와 부에 근거함으로써 제한적	분극화된 이데올로기 경쟁(분권적 경쟁)	테크닉에 기초한 중앙 집권적 경쟁	정치적 논쟁 만연. 상징을 둘러싼 갈등이 전개되면서 이슈에 관한 인위적 경쟁이 전개됨	미디어의 주의를 끌기 위한 항구적인 투쟁

조직 형상

당원 조직의 중요성	존재하지 않거나 최소	자발적인 당원 조직은 정당의 핵심	당원의 주변화		최소화되고 영향력 없음
당원 조직의 중앙당에서의 위상	최소, 중앙당은 공직자에 종속	중앙당과 당원 조직의 공생	공직자에 종속	중앙당과 공직자의 공생	최소화되고 영향력 없음
공직자의 당내 위상	정당 조직의 핵심	의회 외부의 지도부에 복속	원내 정당에 권력과 자원 집중	원내 정당 지도부와 정부 공직자로 권력 집중	자신의 지위를 상승시키기 위한 높은 자율성을 갖는 개별 정치 기업가
자원 구조	개인적 부	당원 기부, 부속 조직과 정당 매체	이익 집단과 국가 지원	국가 지원	기업과 사회 이익과 상업적 활동
선거 운동 유형	개인적 접촉	노동 집약적 대중 동원	전문적이고 자본 집약적인 조직	전문화된 영구 조직	마케팅 기법을 사용하는 전문가들과의 계약을 통한 비영구적인 전문가 활용

출처 : André Krouwel, 〈정당 모델들〉, Richard S. Katz and William Crotty eds., Handbook of party Politics, 262~263쪽

정당 이념과 조직의 중요성

독일의 정치학자 바이메Klaus von Beyme(1934~2021)는 《서구 민주주의와 정당들 Political Parties in Western Democracies》(1985)이라는 저서에서 유럽 국가의 정당들을 장기적 관점에서 고찰했다. 그는 이 연구에서 이념에 기초한 정당들만이 독자적 기반을 확립하는 데 성공했다고 주장했다. 정당 연구자들은 지금까지도 바이메의 주장을 정설로 수용하고 있다.

현실 사회주의의 몰락에 따른 탈냉전 시대의 개막으로 이념의 시대가 종료되었다고 하지만, 타 정당과의 차별성을 확보하기 위해서는 뚜렷한 이념을 내세워야 한다. 그래야 정당의 존립 근거가 견고해지고 구성원들도 정당 지도자 같은 특정인의 인격으로부터 독립된 공통의 가치와 규범을 갖춘 집단이 될 수 있기 때문이다. 다만 이념의 내용과 그것이 생성, 전파되는 방식에서 이전과 차이를 보일 따름이다.

유럽의 정당들은 이념의 측면에서 좌우를 기본 축으로 하는 네 개의 정당군으로 분류할 수 있다. 공산당, 사회당, 중도파, 보수당이 그것이다. 이때 분류의 기준은 두 가지다. 하나는 경제에 대한 국가의 역할을 바라보는 입장이다. 최대한의 공동 소유를 추구하는지, 아니면 어떤 형태의 공동 소유에 대해서도 반대하는지를 살펴보는 것이다. 다른 하나는 국가 대 개인의 권리를 바라보는 입장이다. 이는 낙태나 동성연애 같은 사회 문제에 관용적인 정책을 취하는지, 아니면 엄격하게 반대하는지 등을 살펴보는 것이다.

현대의 정당은 당원이나 당 관료의 비중 감소 등에도 불구하고 구성원이나 정치 자금을 관리하기 위해 일정한 체계를 갖춘 조직을 필요로 한다. 정당 모형이 아무리 바뀐다고 해도 정치는 결국 복수의 사람들이 함께하는 실천 행위이기 때문이다. 1인 기업은 가능할지 모르지만, 1인 정당은 불가능하다. 게다가 정당은 당원이나 이익 집단, 국가 중 어디에서 제공받든 간에 일정한 자금을 필요로 한다. 이념과 정책을 알리기 위한 선전물을 제작하고 배포하는 가장 기본적인 활동에서부터 비용이 들어가기 때문이다.

정당 연구자들은 정당 조직이 책임지는 핵심 활동 영역을 세 가지로 정리한다. 첫째, 선거 준비와 보조이다. 이것은 정당 조직의 업적을 평가하는 가장 직접적인 영역이다. 선거에 실패하면 조직은 혁신의 대상이 된다. 새로운 기구가 도입되고 책임자가 교체된다.

둘째, 일단 형성된 정당을 유지하는 일이다. 지지자, 당원, 활동가, 전문가 등의 충성심을 유지하기 위해 일련의 보상책을 마련하고 실행해야 한다. 정당이 정기적으로 발행해온 신문이나 간행물도 존속시켜야 한다.

셋째, 정당의 공공 정책과 그것을 관철할 수 있는 전략을 고안하는 것이다. 이미 존재하는 정부 정책을 평가하기 위한 개념이나 기준을 만들어내는 것도 중요하다. 특히 국가가 독점하고 있는 지식과 정보를 바탕으로 해야만 고안할 수 있는 정책 영역, 군사 및 외교 정책에 대한 야당의 대응 등이 특히 그러하다. 야당은 '무엇이 옳은지'를 제시할 수는 있으나, '무엇이 실현 가능한지'를 판단하기에는 체계적인 지식과 정보 동원 능력이 국가 조직에 비해 취약하기 때문이다.

4장

정당을 둘러싼 논쟁들

1

정당은 바람직한 것인가

정당 제도는 사회 경제적, 정치 문화적 변화를 동반한 역사적 과정의 산물이다. 그런 까닭에 정당의 출현을 비롯한 여러 정치 사회 현상을 어떻게 이해해야 할 것인지를 놓고 여러 학자와 정치인들은 서로 다른 견해를 제시해왔다. 이 논쟁은 때로는 동시대에 때로는 시차를 두고 진행되어왔는데 여기서는 정당의 출현, 정착, 쇠퇴 등 각 국면의 중요한 논쟁을 중심으로 살펴보기로 하자.

정당의 위상에 대한 의문이 존재함에도 불구하고 오늘날 정당은 여전히 현대 민주주의의 핵심적인 제도이다. 그러나 정당을 '사악한 것'으로 간주하는 시각이 존재했던 데서도 알 수 있듯이, 정당이 처음부터 이러한 위치를 차지했던 것은 아니다. 정당은 과연 바람직한 것인가라는 물음은 정치가 지향해야 할 가치와 규범이 무엇인지를 묻는 정치사상적 고찰과 연결된다. 이 물음과 관련한 논쟁을 한국의 정당학자인 유재일은 래니Austin Ranney

(1921~2006)와 켄달Willmore Kendall(1909~1968), 사르토리, 최한수 등 국내외 학자들의 기존 논의를 바탕으로 비교적 이해하기 쉽게 정리하고 있다. 유재일의 작업을 참조해 정당은 바람직한 것인가라는 문제와 관련한 논쟁을 살펴보자.

정당은 사라져야 할 해악이다

정당은 본래 선한 정부를 파괴하려는 위선자이므로 가능한 한 억제되어야 한다는 견해가 있다. 이를 정당학자들은 '반反정당주의론'이라고 부른다. 영국 토리당 지도자였던 볼링브로크Henry St John Bolingbroke(1678~1751)와 미국 초대 대통령 워싱턴George Washington (1732~1799)의 주장이 대표적인 예이다. 볼링브로크는 1738년《애국왕의 견해The Idea of a Patriot King》라는 저서에서 다음과 같이 정당을 극단적으로 부정했다.

볼링브로크

정당은 헌법에 기초한 통치를 방해하고 위협한다. 정당에 의한 통치는 파벌에 의한 통치로 끝나기 마련이고, 더욱이 정당은 이성과 공정성이 아니라 감정과 사리사욕에서 출발해 결성된 것이기 때문이다. 정당은 입헌 통치의 기반을 갉아먹고 입헌 통치를 위험에 빠뜨린다.

파벌에 의한 통치나 이성과 공정성의 결여에 대한 언급은 마

조지 워싱턴

치 오늘날 우리가 목도하고 있는 정당 정치의 부정적 측면을 정확히 지적하고 있는 것처럼 보인다. 그러나 볼링브로크가 정당을 불신한 근본적인 이유는 당시 정당의 분열로 인해 위기에 빠져 있던 영국의 정치 상황에서의 정치적 입장에 따른 것이었다. 그는 엘리자베스 1세Elizabeth I(1533~1603) 같은 애국왕이 왕위를 계승해 정당 위에 군림해야 정치 위기를 극복하고 국가 통합을 이룰 수 있다고 생각했다. 즉 정당의 부정적 측면을 교정해야 한다고 주장한 것이 아니라 정당을 무기력하게 만들거나 존립을 막을 필요가 있다고 주장한 것이다. 당시에 정당은 기반이 튼튼하지 못해 제도로서 확고하게 자리 잡지 못하고 사라질 수도 있는 상황이었다.

엘리자베스 1세

　미국의 워싱턴 대통령 역시 반정당주의를 주창했다. 해밀턴 Alexander Hamilton(1755~1804)이 초안을 잡은 워싱턴의 퇴임 연설(1796년)에서 그러한 입장을 확인할 수 있다.

　정부가 너무 허약해서 파벌의 획책을 견뎌낼 수 없는 상황에서는 자유란 단지 그 이름만으로 존재할 뿐입니다. 그러나 '정당 정신'의 유해한 결과에 대해서는 그 이상으로 엄숙하게 경고하는 바입니다……자유 국가들에 있어서 정당들이란 유용한 견제 수단이고 자유의 정신을 보존하는 데 기여한다는 견해가 있기도 합니다……어떤 제한된 범위 내에서는 이 견해가 사실일 수도 있습니다……그러

연방주의자 대 공화주의자

워싱턴이 대통령에 취임한 1789년 이후 약 10년 동안, 강력한 중앙 정부를 지향하는 해밀턴 등의 연방주의자들과 주의 독립을 우선하는 제퍼슨Thomas Jefferson(1743~1826) 같은 반연방주의자들 간의 정치적 갈등이 극심했다. 두 사람을 포함해 메디슨 James Madison(1751~1836) 같은 건국의 아버지들이 참여한 이 갈등의 와중에서도 워싱턴은 균형 감각을 유지하며 행정부를 통솔했다.

나 순전히 선거에 기초를 둔 정부에 있어서 정당 정신이란 장려되어서는 안 될 정신인 것입니다. 〔사르토리, 《현대 정당론》, 어수영 옮김 (동녘, 1986)에서 재인용〕

워싱턴도 볼링브로크와 마찬가지로 정당의 분열이 선한 정부에 방해가 된다는 이유로 정당을 부정적으로 인식했다. 워싱턴은 정당이 특히 신생 국가에 가장 위협적인 존재라고 생각했다. 그는 신생 국가가 안정적으로 세워지기 위해서는 통합이 가장 중요하다고 보았다. 하지만 당시 미국은 연방주의자와 공화주의자의 경쟁과 갈등으로 인해 정치적으로 커다란 곤란을 겪어야 했다. 특히 공화주의자들은 워싱턴을 '연방주의자 정당의 앞잡이'라고 비난하면서 국가 통합을 중시하는 그를 곤경에 빠뜨리기도 했다. 이런 상황에서 워싱턴이 자신을 정당 정치의 희생자로 여겼을 법하다. 즉 워싱턴 역시 특정한 역사적 상황에서의 경험에 근거해 정당에 대한 판단을 내린 것이다.

볼링브로크와 워싱턴같이 반정당주의를 견지한 이들의 공통점은 국가 통합을 중시한다는 것이다. 이들에게는 정당의 경쟁과 갈등이 국가 통합을 해치는 분열로 비쳤다. 이는 또한 오늘날 우리가 목도하는 현실이기도 하다. 하지만 유의해야 할 점은 이런 반정당

《연방주의자》라는 저작의 선전물

In the PRESS,
and speedily will be published,
THE
FEDERALIST,
A Collection of Essays written in favor of the New Constitution.
By a Citizen of New-York.
Corrected by the Author, with Additions and Alterations.

This work will be printed on a fine Paper and good Type, in one handsome Volume duodecimo, and delivered to subscribers at the moderate price of one dollar. A few copies will be printed on superfine royal writing paper, price ten shillings.
No money required till delivery.
To render this work more complete, will be added, without any additional expence,
PHILO-PUBLIUS,
AND THE
Articles of the Convention,
As agreed upon at Philadelphia, September 17th, 1787.

주의적 입장의 제한성이다. 이들은 '충성스러운 반대'를 인정하지 않았으며, 특히 다수가 지배하는 민주주의를 거부했다. 이들에게 정치는 엘리트들만이 수행할 수 있는 고귀한 어떤 것으로서 국가가 피지배층을 효율적으로 지배하기 위한 통치 기술이었다. 이때 정당은 그러한 효율적 지배를 위한 통합에 방해가 되는 파벌로 여겨질 수밖에 없었다. 반정당주의자들이 정당을 정치에서 배제된 사회 집단의 대표자로 인식하기에는 아직 무리가 있었던 것이다.

정당은 필요악이다

정당을 해로운 것으로 보는 점에서는 반정당주의자들과 같지만, 한편으로 정당을 자유 정부에서 불가피한 존재로 간주하는 입장이 있다. 이를 정당학자들은 '정당 불가피론'이라고 부른다. 흄David Hume(1711~1776)과 토크빌Alexis de Tocqueville(1805~1859)이 이러한 입장을 대표하는 정치 사상가이다.

흄

흄은 1742년 〈정당 일반에 관하여Of Parties in General〉라는 글에서 정당을 자유 정부 아래에서 나타나는 정치 제도로 규정하고, 정당의 성격을 두 가지로 구분했다. 하나는 특정 지도자에 대한 개인적 친근감이나 적대감에 기초한 '인적 집단'으로서의 정당이다. 그리고 다른 하나는 당원의 특정 이익 또는 특정 원칙에 의해 모인 '실질적인 집단'으로서의 정당이다. 흄은 첫 번째 집단은 과거의 소산으로 소小공화국들에서 전형적으로 나타났으며, 두 번째 집단이 현대 세계의 자유 정부에서 나타나는 전형적인 정당의 형태라고 생각했다. 그가 보기에 이 두 번째 집단은 사실상 파벌과 다르지 않았다. 이 때문에 그는 정당을 금지해야 한다고 생각하기도 했지만, 정당을 금지하는 것은 "자유 정부에 바람직하지 않다"고 보았다. "정당이란 (파벌과 구별되는) 순수한 형태로는 거의 존재하지 않"기 때문에 그것을 뿌리 뽑으려고 하다가는 자유 정부를 총체적으로 해체하게 되는 위험이 있다고 판단한 것이다. 따라서 흄은 정당이 미치는 나쁜 영향을 통제하는 방안을 고심한 끝에 '정당 간의 연합'을 그 방도로 내놓았다. 그는 또 정당 간 경쟁이 왕위 계승이나 헌법의 기본 구조 같은 근본적인 문제와는 가능한 한 관련되지 않아야 한다고 주장했다.

프랑스의 정치가이자 역사가인 토크빌은 《미국의 민주주의De la démocratie en Amérique》에서 정당을 "자유 정부의 필요악"이라고 분명하게 정의했다. 그는 "독자적 행동권 다음의 인간 최대의 자연적 특권은 자신의 행동을 동료의 창조적 노력과 결합해 함께 활동하는 권리"라고 했다. 그리고 그러한 권리가 보장되는 한 사람들은 그 권리를 스스로 이용하기 때문에 정당이 형성된다고 보았다. 토크빌도 흄과 마찬가지로 정당을 두 가지 유형으로 나누었다. 하나는 '대정당'이고 다른 하나는 '소정당'이다. 대정당은

토크빌

당원 스스로 원칙을 중시하며 권력 획득을 이차적인 것으로 설정한다. 반면 소정당의 당원은 인간의 특권인 독자적 행동권에 바탕을 둔 창조적 활동 자체에는 아무런 관심이 없고 오로지 획득물에만 관심을 기울인다. 토크빌은 이런 구분에도 불구하고 "대정당은 사회를 혼란하게 하고, 소정당은 사회를 선동한다. 즉 대정당은 사회를 분열시키고, 소정당은 사회를 타락시킨다"고 보았다. 그리고 "대정당이 가끔 건전한 마음의 동요 때문에 사회를 구제한다 할지라도, 소정당은 그것을 방해한다"고 말했다. 두 유형의 정당 모두 유해하다고 생각한 것이다. 그럼에도 불구하고 토크빌은 미국의 정당 체제에 최소한 다수자 지배의 문제를 효과적으로 막는 기제로서의 긍정성이 있다고 보았다. 토크빌은 무제한의 다수자 지배는 자유와 안정적 공동체 유지에 위협이 된다고 생각했다. 따라서 그는 다수자 지배를 특징으로 하는 '미국 민주주의'의 위험성을 지적하면서도 그러한 위험에 빠져들지 않는 미국 민주주의의 장점을 정당 정치에서 발견한 것이다.

정당 불가피론자들의 핵심 주장을 정리해보면 다음과 같다. 첫째, 정당은 국가가 자유 정부를 위해 치러야 하는 대가임을 인정해야 한다. 즉 정당은 자유 정부 아래에서 나타나는 피할 수 없는 정치 현상이다. 둘째, 따라서 정당의 존재 자체를 부정하거나 금지할 수 없다. 셋째, 대신 정당의 부정적 영향에 대한 규제와 견제가 필요하다.

토크빌은 다수자 지배를 특징으로 하는 '미국 민주주의'의 위험성을 지적하면서도 그러한 위험에 빠져들지 않는 미국 민주주의의 장점을 정당 정치에서 발견했다.

정당 없이 민주 정부 없다

정당 필수론은 민주적 대중 정부는 정당 없이는 존재할 수 없다는 견해이다. 현대 정당을 바라보는 사상의 맹아를 제공한 이 이론을 대표하는 사상가는 버크와 프리세이다.

　버크는 1770년 출간된 《현재의 불만의 원인에 대한 사고Thoughts on the Cause of the Present Discontent》라는 저서에서 정치와 정당에 대한 뛰어난 통찰을 바탕으로 양자에 우호적인 입장을 천명했다. 그는 국민의 대표에 의한 정당의 지배를 군주의 개인적 지배로 대체하려는 왕당파 세력을 비판했다. 버크가 보기에 정당은 신하와 군주 사이의 분할이 아니라 주권자들 사이의 분할을 의미했다. 그는 정당은 사악하기 때문에 완전히 제거되어야 한다고 주장하는 왕당파에게 정당의 존재를 인정할 것을 제안했다. 버크가 보기에는 왕당파야말로 "사적인 선호에 의해서 궁정을 지배하는 파벌"이었다. 그에게 파벌은 공동의 부정행위를 높은 값으로 팔기 위해 공적인 원칙 없이 한 곳에 모인 사람들의 집단, 즉 '패거리'일 뿐이었다. 그는 정당이 파벌과 다르다는 사실을 분명히 했다. 정당은 "구성원들이 모두 동의하는 원칙에 기초하여 공동의 노력을 함으로써 국익을 증진하고자 하는 사람들의 연합체"이며, "그런 사람들이 국가의 권력과 권위로써 공통의 계획을 실행

유럽 각국의 왕당파가
프랑스 혁명 정부와
공화제에 반대해
일으킨 프랑스 혁명
전쟁 당시의 전투
모습

할 수 있게 해주는 적절한 수단"이다. 그리고 버크는 파벌의 사
악한 계획에 쉽고 빠르게 대처할 수 있는 사람들 간의 연계망이
라는 점에서 정당이 중요하다고 보았다. 정당이 권력을 추구하
는 것은 "지위와 이익을 위한 천박하고도 사리사욕적인 투쟁과
쉽사리 구별"된다고도 말했다. 사리사욕에 따른 투쟁에 몰두하
는 집단이 바로 파벌인데, 버크가 파벌과 정당을 명확히 구분함
으로써 '정당은 항상 파벌화되기 마련'이라는 기존의 시각은 더
이상 성립될 수 없게 되었다. 파벌화된 정당은 이미 정당이 아닌
것이다. 정치가 왜 정당에 의해 수행되어야 하는지를 밝히고 있
는 버크의 말을 들어보자.

정치의 실제적 본질에는 지지받지 못하고 산만하며 비체계적인 개인의 독자적인 행동이 담겨 있기 때문에, 개인적인 정치적 원칙에 대해 말하기보다는 실천하기를 바라며, 그러한 원칙에 입각해 정치적 사건의 과정에 영향을 미치고자 하는 시민들은 정치적 원칙을 믿는 다른 사람들과 일체감을 가져야 한다. 따라서 오로지 결사되고 조직된 정당 활동만이 효과적이다. 〔《현재의 불만의 원인에 대한 사고》에서 : 유재일, 〈정당의 기능〉, 심지연 편저, 《현대 정당정치의 이해》 (백산서당, 2003), 127쪽에서 재인용〕

　여기서 중요한 것은 "오로지 결사되고 조직된"이라는 표현이다. 앞서 살펴본 것처럼 버크는 사람들이 서로 연계된 활동을 해야만 사악한 계획에 쉽고 빠르게 대처할 수 있다고 보았다. 즉 정당이 중요하고 가장 효과적일 수 있는 근거를 바로 '연계'에서 찾았던 것이다. 그는 "정치에서 연계란 우리들의 공적 의무를 완전히 수행하기 위한 필수 불가결한 요소"라고 보았다. 그리고 그 연계의 구체적인 발현태가 바로 정당이라고 주장했다. 이렇게 정당의 존재를 적극적으로 옹호한 버크는 특정 정당이 나쁘게 행동했다고 해서 정당 전체를 비난할 수는 없다고 보았다. 정당이 아무리 나쁜 상태로 존재하더라도 정당을 폐지하기보다는 개혁하는 것이 적절하다고 생각한 것이다.

앞서 정당의 기능과 관련해 살펴본 프리세 역시 정당이 민주 정부에서 핵심적인 기관이라고 강조했다. 그는 정당을 유해하다고 말하기 전에 정당이 실제로 무엇이고 무엇을 하는지를 중심으로 이해해야 하며, 국민이 원하는 정부의 형태와 그 속에서 수행하는 정당의 기능을 찾아야 한다고 주장했다.

2

정당은 민주적일 수 있는가

정당은 현대 민주주의의 핵심 제도이다. 그런데 정당 자체는 민주적인가? 이 질문은 정당과 관련한 가장 유명한 논쟁을 불러일으켰다. 흔히 민주화 이전이나 이후 한국의 정당 정치를 가리켜 '보스 정치'라고 말한다. 소수 혹은 1인이 정당의 모든 것을 좌우한다는 비판이다. 이 표현은 한국 정당 정치의 '저발전'을 상징하는 말이기도 했다. 이러한 비판은 '정당은 민주적이어야 하고 그래야 정당 정치가 발전한다'는 당위와 가정을 바탕으로 하고 있다. 한국에서 민주주의의 진전을 위한 정치 개혁 논의와 실천이 대체로 '정당 내부를 어떻게 민주화할 것인가'라는 당내 민주주의 문제에 집중되어온 것은 바로 이 때문이다. 이것은 비단 한국만이 아니라 유럽에서도 마찬가지였다.

가령 정당 정치와 현대 민주주의가 진전되는 과정에서 정당의 대표자나 공직 후보자를 선출할 때 엘리트만이 아니라 보다 폭넓은 당 구성원들까지 참여하는 방식으로 점차 바뀌어왔다. 그

보스 정치라 불리는
한국의 정당 정치를
상징하는 김대중,
김영삼, 김종필
(왼쪽부터)

런데 현대 정당이 정치 제도로 완전히 자리 잡은 20세기 초에, 정당이 민주적이어야 정당 제도가 발전할 수 있다는 인식은 현실과 괴리되어 있을 뿐 아니라 실현될 수 없다는 주장이 제기되었다. 앞에서도 살펴보았던 미헬스의 '과두제의 철칙'이 바로 그것이다. 과두란 소수의 우두머리를 뜻하며, 따라서 과두제란 소수가 정당을 지배하는 것이다. 이 과두제가 특정 국가 특정 정당만의 문제가 아니라 정당 일반에서 나타나는 보편적 경향이라는 것이 과두제의 철칙이다. 미헬스는 왜 이런 주장을 펼쳤는지, 그리고 그의 주장에 대해 다른 정당 연구자들은 어떤 문제 제기를 했는지 살펴보자.

현대 정당이 정치 제도로 완전히 자리 잡은 20세기 초에, 정당이 민주적이어야 정당 제도가 발전할 수 있다는 인식은 현실과 괴리되어 있을 뿐 아니라 실현될 수 없다는 주장이 제기되었다.

과두제는 깨질 수 없는 철칙인가

미헬스는 유럽의 사회(민주)주의 정당들의 내부 구조를 당내 민주주의라는 관점에서 연구했다. 특히 그 자신이 당원으로 참여한 독일 사회민주당의 사례를 중점적으로 살펴보았다. 그는 가장 민주적일 것이라고 여겨지고 자신도 그렇게 주장했던 사회민주주의 대중 정당마저 필연적으로 소수의 엘리트가 당 활동을 위한 자원과 소통 수단을 통제하는 현실을 관찰한 후 과두제의 철칙을 제시했다. 사회 민주주의 정당이 그렇다면 민주주의에 반대하거나 소극적인 간부 정당의 형태로 출현한 보수 우파 정당들도 마찬가지일 것이라는 게 그의 판단이었다. 즉 모든 형태의 정당이 소수 엘리트 중심으로 운영된다는 주장이다. 미헬스는 1911년에 출간한 저서《정당 사회학 : 근대 민주주의의 과두적 경향에 관한 연구Zur Soziologie des Parteiwesens in der modernen Demokratie : Untersuchungen über die oligarchischen Tendenzen des Gruppenlebens》에서 다음과 같이 결론지었다.

독일 사회민주당의
선거 포스터(1919)

> 선출된 자가 선출한 자를 지배하고, 위임받은 자가 위임한 자를 지배하며, 대의원이 유권자를 지배한다. 다양한 형태의 민주주의의 품 안에서 과두정이 발전하는 것은, 사회주의 조직이건 아나키즘 조직이건 모든 조직에 필연적으로 나타나는 유기적 경향이다.

미헬스의 이러한 주장은, 정당 연구자들이 정당이 위계적 질
서를 갖고 있고 정당 지도자와 관료들의 영향력이 크다는 사실
을 인정하는 데 커다란 영향력을 행사해왔다. 미헬스의 영향력
은 당내 민주주의에 대한 연구와 토론이 정당 정치의 선진국인
서구에서조차 그다지 활성화되지 않았다는 데서 역설적으로 확
인된다. 미헬스 이후 정당 연구자들은 정당 내부가 민주적인지
그렇지 않은지를 따져볼 필요성을 심각하게 느끼지 못했다. 과
두제는 이미 실제로 존재하고 있고 생생하게 작동하고 있는 객
관적 사실이었기 때문이다. 이는 정당 내부가 민주적일 수 있느
냐는 물음에 대해 정당 연구자들이 긍정적인 답변을 제시하지
못했음을 의미한다.

　　또한 연구자들이 발견한 것은 단지 소수의 정당 지도자와 관
료들만의 지배가 아니었다. 그들은 과두제의 철칙을 불가피한
것으로 만드는 다른 사실을 발견했다. 그것은 바로 대중의 무관
심과 무능력이었다. 대중은 스스로 지도자가 되고 싶어 하거나
지도자가 되려고 시도하지 않으면서, 또는 바라거나 시도한다
고 해도 지도자가 될 수 없는 상황에서 단지 지도력이 필요하다
는 생각 때문에 지도자를 존경하고 추앙한다. 이것이 과두제가
쉽게 자리를 잡을 수 있도록 도와준 요인이다. 물론 대중은 정당
이 민주적이기를 바라고 정당은 적어도 겉으로는 민주적인 형상
을 띠고 있다.

뒤베르제가 집필한 《정당 : 근대 국가에서의 조직과 활동The
Political Parties : Their Organization and Activity in the Mordern State》(1954)은 정당 조
직 연구의 고전으로 평가받는 저작이다. 뒤베르제는 이 책에서
미헬스의 주장을 수용해 정당은 겉모습은 민주적이지만 실제로
는 과두제적이라고 말했다. 이때 민주주의라는 외양은 정당 지도
자들의 지배를 정당화해주는 역할을 한다. 민주적 외양의 핵심은
정당의 지도자를 당원들이 직접 선출하는 것이다. 당원에 의한
지도자 선출이라는 절차는 지도자가 언제든 교체될 수 있음을
의미한다. 따라서 정당 지도자의 권위는 절대적이지 않다.

하지만 뒤베르제는 대중의 경향이 일반적으로 보수적인 탓에
새로운 인물을 지도자로 받아들이는 데 소극적이라고 말한다.
게다가 정당 지도자들은 당원들에게 선택받지 못했을 때조차 새
롭게 선출된 지도자를 유명무실하게 만들면서 실질적인 지도자
의 위상과 역할을 유지할 수 있다. 기득권을 확보한 기존의 지도
자는 '이너 서클inner circle'을 구성한 뒤 자신의 영향력 아래에 있는
새로운 인물을 내세워 권력을 계속 유지해나갈 수 있기 때문이
다. 이 때문에 민주적 외양은 과두제를 억제하는 것이 아니라 오
히려 지탱하게 한다. 따라서 정당에서 민주주의는 독재가 본모
습을 위장하기 위해 쓰고 있는 가면일 따름이다.

정당 연구에서 미헬스의 과두제에 대한 도전이 전혀 없었던
것은 아니다. 하지만 그러한 입장들은 미헬스에 필적할 만한 영

향력을 얻지 못했다. 사람들이 정당에 대해 가장 보편적으로 인식하고 불만스러워하는 현상을 과두제의 철칙 이론이 설명해주기 때문이다. 미헬스나 뒤베르제는 과두제를 마치 '꼭꼭 숨겨진 진실'인 것처럼 생각했지만 그것은 결코 숨겨질 수 있는 것이 아니었다. 미헬스의 과두제 철칙에 도전하는 이들도 정당이 민주적이라고 주장한 것은 아니다. 그들은 과두제 자체를 부정한 것이 아니라 과두제를 철칙이라고 보는 것은 과도하다고 비판한 것이다. 즉 '철칙'이라는 규정에 도전한 것이다.

과두제 철칙에 대한 비판은 두 가지로 나누어 살펴볼 수 있다. 하나는 정당 내부에는 정당 지도자들로부터 자율적인 계층이 존재한다는 것이다. 그들은 자신들만의 권위를 보유하고 있는데, 바로 당 관료라고 불리는 이들이다. 즉 정당 지도자들의 지배가 모든 정당 구성원들에게 무조건 관철되는 것은 아니며, 지도자들이 권력이나 권위를 독점하고 있지도 않다는 것이다. 이러한 맥락에서 비판자들은 정당 내부의 지배 형태를 과두제 대신 '계층 지배stratarchy'라고 이름 붙였다.《권력과 사회Power and Society》(1950)를 쓴 라스웰Harold Dwight Lasswell(1902~1978)과 캐플란Abraham Kaplan(1918~1993) 같은 정치학자들이 바로 이 입장에 서 있다. 정당의 구체적인 실천을 연구해《정당 : 정당 행위 분석Political Parties : A Behavioral Analysis》(1964)을 쓴 엘더스벨드Samuel Eldersveld(1917~2010)도 유사한 관점에서 정당 내부의 지배 구조는 개방적이고 허약하며 불안정한 경향을 띤다는 점에 주목했다. 즉 정당 지도자들은 정당의 생존을 위해 지지 기반으로부터 완전히 자유로울 수 없다는 것이다. 게다가 정당은 정기적으로 실시되는 선거를 통해 정치권력을 추구하기 때문에, 정당 지도자들은 한정된 시간 안에 약속을 이행해야 하는 부담을 안고 있다. 그렇게 할 수 있는 능력을 지닌 정당 지도자들만이 살아남을 수 있는 것이다.

정당 이론의 최종 패러다임을 제시했다는 평가를 받는 파네비안코 역시《정당 : 조직과 권력Political Parties : Organization and Power》(1988)에서 정당 지도자들이 이러저러한 제약을 받는 존재임을 보여주었다. 그가 특히 주목한 것은 정당 지도자들이 정당 구성원들로 하여금 계속 정당 활동에 참여하도록 하기 위해서는 유인incentives을 제공해야 한다는 것이다. 이념적 목표와 그것을 실현할 수 있는 전략, 정책, 지위와 물질적 보상 등이 그것이다. 이념적 목표와 전략 등은 정당 구성원 모두에게 차별 없이 제공해야 한다는 의미에서 '집합적 유인'이라고 하고, 자원이 한정되어 있는 지위와 물질적 보상은 선별해서 특정 부분에만 제공할 수 있다는 의미에서 '선별적 유인'이라고 한다.

이때 무엇보다 중요한 것은 이념적 목표와 전략이다. 이것을 통해 정당에 대한 구성원들의 일체감과 충성심을 형성할 수 있기 때문이다. 그리고 일체감과 충성심을 가진 이들을 중심으로 당이 구성되고 나면 정당 지도자들은 구성원들을 단결하게 한

지배 계급론
어느 사회에나 지배하는 소수자와 지배받는 다수자가
존재하며, 지배 계급이 자연적 권력을 법의 지배로 바
꾸어 정치 기구를 정비하고 사회 세력들의 균형을 바
탕으로 지배할 때 사회가 안정된다는 주장이다. 지배
계급은 이데올로기적인 정치 공식을 조작하며, 문명의
패턴과 수준은 지배 계급에서 결정된다고 본다.

정당의 목표와 전략으로부터 결코 자유로울 수 없다. 그것을 외
면한다면 구성원 다수의 저항과 반발에 직면하게 될 것이기 때
문이다. 즉 정당 지도자들은 정당의 이념적 목표와 전략을 보완
할 권력을 가질 뿐, 기존의 것을 완전히 새로운 것으로 대체할
수 있는 권력까지 갖는 것은 아니다.

정당 내부는 얼마나 민주적이어야 하는가

한편 정당에 대해서는 물론 민주주의에 대해서도 깊이 있는 연
구를 수행한 사르토리는 매우 전향적인 관점에서 과두제의 철칙
을 비판한다. 사실 미헬스의 과두제의 철칙은 정치학에서는 결
코 낯선 주장이 아니었다. 여러 정치학자들이 보기에 민주주의
제도가 자리 잡은 정치 현실은 '다수 민중의 지배'라는 어원과는
거리가 멀었다. 현실에서 민주주의는 소수의 지배자 혹은 엘리
트들이 돌아가면서 정치를 좌지우지하고, '소수에 의한 다수에
대한 지배'를 유지·재생산하는 방식으로 작동했다. 이탈리아의
정치학자이자 종신 상원의원이었던 모스카Gaetano Mosca(1858~1941)
의 '지배 계급론'과 파레토Vilfredo Pareto(1848~1923)의 '엘리트 순환
론'은 이러한 현실을 짚어낸 것이다. 특히 그들은 의회 민주주의
에 대해 비판적이었다. 인민을 대표한다는 의회가 실제로는 결
코 인민의 것이 아니었기 때문이다. 미헬스의 과두제 철칙은 두

엘리트 순환론

모든 사회는 엘리트라고 불리는 소수의 지배자에 의해
통치된다는 전제 아래, 새로운 엘리트로 탄생하려는
하위 계층이 지배 엘리트를 전복하고 대체하는 과정
이 반복된다는 주장이다. 하위 계층이 새로운 지배자
로 등장할 수 있는 가능성을 부정하지 않지만, 결국 엘
리트가 될 수 있는 자들만이 사회를 지배한다고 본다.

사람의 논의의 연장 선상에 놓여 있다. 그들은 모두 다수자에 의
한 지배를 핵심으로 하는 민주주의의 실현 가능성을 의심한 것
이다. 이 때문에 훗날 파시즘에 찬동한 미헬스는 물론 민주주의
의 이상을 옹호하고 지향했던 모스카와 파레토마저 반민주주의
론자로 불렸다.

한편 사르토리는 《민주주의 이론의 재조명The Theory of Democracy
Revisited》(1987)에서 민주주의가 현실에서 불가능해 보인다는 이
유로 민주주의를 실현 불가능한 것으로 간주하고 포기할 수는
없다고 강력하게 주장했다. 민주주의라는 "가치의 선택은 사실
의 상태로부터 독립된 것이지 결코 사실의 상태로부터 나오는
것은 아님을 인정"해야 한다는 것이다. 사르토리에게 민주주의
는 여전히 지켜야 할 가치였다.

사르토리는 미헬스의 문제 틀을 벗어나 민주주의와 정당의 관
계를 바라본다. 사르토리 역시 정당 내부의 관점에서 볼 때 미헬
스의 과두제에 대한 주장이 타당하다는 사실을 부정하지는 않
는다. 그러나 사르토리는 민주주의란 정당 내부의 질서에 한정
해서 바라볼 문제가 아니라고 보았다. 그는 이렇게 말한다. "미
헬스는 거대한 조직의 '안에서' 민주주의를 찾았다. 그렇지만 조
직은 결국 커다란 것, 조직 없이는 통제될 수 없는 그 어떤 것에
대한 반응이다." 그 어떤 것이 바로 민주주의다. 민주주의는 정
당 하나하나가 민주적이기 때문에 달성되는 것이 아니라 정당

간의 상호 경쟁의 결과로 얻어지는 것이다. 즉 정당이 민주주의와 연결되는 것은 정당 자체가 민주적이기 때문이 아니라, 각 정당이 아무리 과두적이라고 하더라도 정당들 간의 경쟁의 결과가 총체적으로 민주주의를 산출하기 때문이라는 것이다. 그리고 정당 간 경쟁의 결과가 민주주의를 산출하는 것은 그들의 경쟁이 다름 아닌 다수의 지지를 획득하기 위한 것이기 때문이다. 사르토리의 이러한 관점은 정당이 현대 민주주의의 지속과 재생산에 있어서 어떠한 위상과 역할을 맡아야 하는지와 관련해 매우 중요한 의미를 갖는다. 정당이 민주주의에서 중요한 것은, 다수의 인민이 처칠의 치하에서 사느냐 히틀러의 치하에 사느냐 하는 차이 때문이지, 그들의 정당이 민주적이냐 민주적이지 않으냐의 차이 때문이 아니라는 것이다. 따라서 정당 내부의 민주주의를 중심으로 민주주의를 논할 때 남는 문제는 처칠의 정당이 민주적일수록 다수 인민이 히틀러의 치하에서 살 가능성이 낮아진다는 것을 입증하는 것이 될 것이다.

하지만 웨어가 지적하는 것처럼, 정당들은 그간 과소 대표되어온 사회 집단의 이해와 요구를 반영하기 위해 당 내에서 지도부를 선출할 때 민주적인 장치를 포기하기도 한다. 벨기에의 정당들이 대표적인 사례이다. 벨기에 정당들은 다른 국가의 정당들이 정당 지도자, 특히 공직 후보자를 선출할 때 보다 많은 당원들의 참여를 보장하는 방향으로 나아갔던 것과 정반대의 경

1939년 10월, 독일 의회 의원들이 히틀러에게 인사하고 있다(왼쪽) ⓒ 독일 연방 문서 보관소
1941년 처칠이 폐허가 된 코번트리 성당을 둘러보고 있다(오른쪽)

정당 간 경쟁의 결과가 민주주의를 산출하는 것은 그들의 경쟁이 다름
아닌 다수의 지지를 획득하기 위한 것이기 때문이다. 정당이 민주주의
에서 중요한 것은, 다수의 인민이 처칠의 치하에서 사느냐 히틀러의 치
하에 사느냐 하는 차이 때문이지, 그들의 정당이 민주적이냐 민주적이지
않으냐의 차이 때문이 아니다.

한국의 정당 정치에서도 당원들의 선거를 통해서는 공직 후보자가 되기 어려운 장애인, 여성, 노동자 같은 사회적 소수자와 약자들을 지도부의 판단에 따라 민주적 투표를 거치지 않고 공직 후보자로 선출한다.

향을 보였다. 벨기에에서는 다른 언어를 사용하는 지방들 사이에 균열과 갈등이 심했기 때문에 선거를 통해 공직자를 선출하게 되면 소수 언어를 사용하는 지방 출신이라는 이유로 매력적인 후보들이 배제되는 경우가 많았다. 그래서 벨기에 정당들은 다른 정당이 포괄하지 못하는, 소수 언어를 사용하는 지방의 공직 후보자를 선출해 보다 많은 유권자들의 지지를 얻기 위해 민주적 절차를 변형하는 방향으로 나아갔다. 이러한 경쟁에서 승리하기 위한 전략적 실천의 과정에서 소수 언어를 사용하는 지방도 자신들의 대표자를 가질 수 있게 되는 것이다.

한국의 정당 정치에서도 당원들의 선거를 통해서는 공직 후보자가 되기 어려운 장애인, 여성, 노동자 같은 사회적 소수자와 약자들을 지도부의 판단에 따라 민주적 투표를 거치지 않고 공직 후보자로 선출한다. 이러한 현상을 흔히 '전략 공천'이라고 부른다. 물론 정당 지도부는 이러한 판단의 정당성을 확보하기 위해 별도의 민주적 방식을 거쳐 구성원들의 동의를 얻어내기도 한다. 하지만 정당 지도자들의 위치를 직접적으로 위협하는 것은 그러한 판단을 내리기 위해 어떠한 과정을 거쳤느냐보다 그러한 판단의 결과가 경쟁에서 성과를 냈느냐에 달려 있다.

당내 민주주의의 가능성을 부정하는 미헬스의 과두제의 철칙이나, 당내 민주주의가 아니라 정당 간 경쟁에서의 민주주의가 더 중요하다는 사르토리의 논의 모두 정당이 민주적이어야 한다

1인 2표 정당명부비례대표제
한 표는 지역구에 출마한 후보자에게, 다른 한 표는 자
신이 선호하는 정당에 투표하는 제도를 말한다. 특정
인물에 대한 선호뿐만 아니라 특정 정당에 대한 선호
역시 의석의 배분에 반영되어야 한다는 원리에 따라
도입, 실시되었다.

는 관점을 보여준다. 물론 정당 내부가 민주적일 때 유권자의 신
뢰를 획득할 수 있고 정당 간 경쟁에서 우위를 점할 기회를 얻을
수도 있다. 그러나 정당의 민주성이 정당 간 경쟁에서 우위를 점
할 수 있게 해주는 충분조건은 아니다.

　이는 민주화 이후의 한국의 정당 정치를 통해서도 알 수 있다.
민주화 이후 한국의 정당 정치에서 당내 민주주의는 정당 내부
만의 문제가 아니라 어떤 정당이 더 '좋은' 정당인지를 판단하
는 기준으로 여겨졌다. 그러나 각 당의 당내 민주주의 진전을 위
한 노력이 실제 선거에서 득표력 향상으로 이어졌는지는 분명치
않다. 민주노동당과 진보신당처럼 당내 민주주의의 수준이 높다
고 평가되어온 진보 정당들의 정치 사회적 영향력은 한나라당이
나 민주당 같은 기성 보수 정당에 비해 대단히 미약하다. 2004년
4·15 총선에서 민주노동당이 원내 진출에 성공할 수 있었던 것
은 정당 내부가 민주적이었기 때문이 아니라, 기성 보수 정당들
과 달리 국민들에게 대통령 탄핵에 반대하는 정당으로 인식되었
기 때문이다. 그리고 진보 정당도 원내에 진출할 수 있도록 정당
간의 경쟁 방식을 공정하게 바꾸어야 한다는 사회적 요구에 따
라 선거 제도가 변경되었기 때문이다. 당시에 일정 비율의 득표,
즉 전체 유효 투표의 3퍼센트 이상만 얻으면 원내 의석을 제공함
으로써 소규모 정당도 원내 진출의 기회를 보장받을 수 있는 1인
2표 정당명부비례대표제가 도입된 것이다. 물론 유권자들이 민

주노동당을 비민주적인 정당으로 인식하고 부정적으로 평가했다면 선거 제도가 바뀌었다고 해도 그 효과는 크지 않았을 것이다. 당내 민주주의는 그 자체로 정당의 경쟁력을 좌우하지는 않지만, 신생 정당이라는 한계 등으로 별다른 업적이 없는 정당이 유권자들로부터 긍정적 평가를 얻는 데 도움을 줄 수 있다.

정당은 쇠락하는가

정당 일체감의 약화와 투표 유동성의 증가

일군의 정당 연구자들은 1960년대 말~1970년대에 서구 사회에 나타난 정당 정치의 변화, 특히 정당의 사회적 기반과 고유기능의 약화 현상을 정당의 쇠퇴, 실패, 위기 등으로 지칭했다. 그것을 무엇이라고 표현했든 간에 그들의 연구는 정당이 현대민주주의의 핵심 제도로서의 기능을 다하고 쇠락해갈 것인지를 둘러싼 논쟁을 가져왔다. 이 논쟁은 처음 제기된 후 30여 년이 넘도록 정당 정치 연구의 지배적인 연구 과제가 되어왔다. 논쟁이 오래 지속된 이유는 정당이 민주주의를 움직이고 지탱하는 주요한 정치 제도로 정착된 후 가장 큰 변화가 이 시기에 나타났기 때문이다.

무엇보다도 유권자의 지지 유지의 어려움과 정당의 약화에 관한 논의가 주요하게 제기되었다. 이러한 논의에서 정당의 약화 정당 일체감이란 유권자들이 특정 정당을 자기 정당이라고 여겨 지속적인 지지를 보내게 하는 정서적 유대감을 의미한다. 정당과 유권자의 관계에 대한 초기 연구들은 투표자의 선택에서 정당 일체감이 중요한 요소임을 밝혔다.

현상을 '정당 쇠퇴'로 파악한 이들은 특히 정당과 지지자 혹은 '정당 일체감 보유자' 사이의 관계가 멀어짐에 따라 유권자들의 투표 결정에 정당의 영향력이 저하되었다는 사실을 강조했다. 정당 일체감이란 유권자들이 특정 정당을 자기 정당이라고 여겨 지속적인 지지를 보내게 하는 정서적 유대감을 의미한다. 정당과 유권자의 관계에 대한 초기 연구들은 투표자의 선택에서 정당 일체감이 중요한 요소임을 밝혔다.

그런데 여러 연구자들은 1960년대 말~1970년대를 거치면서 정당 일체감이 빠르게 하락했음을 보여주었다. 고정적인 지지 정당이 없는 유권자층을 가리키는 무당파층도 이때 급격히 증가했다. 정당 일체감의 약화와 무당파층의 급격한 증가는 투표 유동성을 높이는 것으로 나타났다. 투표 유동성이란 선거 때마다 지지 정당을 바꾸는 유권자층의 비율을 말한다. 원래 자신이 지지하는 정당이 아닌 다른 정당의 후보에 투표하는 분할 투표도 증가했다. 이 때문에 주요 정당의 득표율은 전반적으로 하락했고 원내에 새롭게 진출하는 정당의 숫자가 늘어났다. 이는 정당 체제의 파편화 심화로 이어졌다.

정당 일체감이 가장 강력하게 뿌리내렸다고 평가받던 영국의 경우, 지지 정당에 대해 강한 일체감을 느끼는 유권자의 비율이 1960년대의 40퍼센트에서 1979년에는 10퍼센트로 추락했다. 또 영국, 스웨덴, 노르웨이 등에서 1940년대에 약 4퍼센트에

불과했던 투표 유동성은 1970년대에 9
~15퍼센트로 증가했다. 미국의 상황
도 마찬가지였다. 미국의 정당 연구자
인 실비Joel H. Silbey는 미국의 정당 정치
와 관련해 "1960년대 이래로 유권자들
사이에서 정당 충성도가 쇠퇴함으로
써……무당파적 유권자들의 수가 전례
없이 증가하여, 사람들은 선거 당일에
조차 어떤 정당을 선택할지 망설인다"
라고 말했다. 정당 일체감에 기초한 정
당 정치의 안정성이 침식당하는 현상
은 '정당의 전성시대'가 종료되었음을
의미하는 것처럼 보였다.

2005년 영국의
총선거 투표소
모습. 정당 일체감이
가장 강한 것으로
알려진 영국에서도
정당 일체감의 약화
현상이 나타났다 ©
Andrew Dunn

정당 조직의 기능 약화

정당 실패와 이후 전망에 관한 연구로 잘 알려진 로슨Kay Lawson과
메르클Peter H. Merkl 같은 학자들은 대안적 조직체들의 도전에 따른
정당의 위상과 역할 약화에 주목했다. 〈표 10〉에서 보는 것처럼
이익 집단과 그 밖의 다른 정치적 매개체들의 확산이 정당의 전
통적인 역할, 즉 대표자로서의 역할에 대안을 제공함으로써 정

연도	총계	재계 계열	노동 계열	기 타
1974	608	89	201	318
1975	722	139	226	357
1976	1,146	433	224	489
1977	1,360	550	234	576
1978	1,653	785	217	651
1979	2,000	950	240	810
1980	2,551	1,206	297	1,048
1981	2,901	1,329	318	1,254
1982	3,371	1,469	380	1,522
1983	3,525	1,538	378	1,609
1984	4,009	1,682	394	1,933
1985	3,992	1,710	388	1,894
1986	4,157	1,744	384	2,029
1987	4,165	1,775	364	2,026

출처 : 게오르게 A. 쿠르베타리스, 《정치사회학》, 박형신 외 옮김(일신사, 1998). 265쪽

당이 제 역할을 수행하는 데 실패했다는 것이다.

파네비안코도 정당 조직의 형태와 정당의 활동 및 기능에 초점을 맞추어 정당이 위기에 처해 있다고 보았다. 우선 그는 정당 조직의 형태와 관련해서는 정당 정치의 전성기를 가능케 했던 대중 정당과 대조되는 정당 조직 형태를 부각했다. 선거 전

문가 정당의 출현이 바로 그것이다. 대중(관료) 정당과 구분되는 선거 전문가 정당의 특징은 〈표 11〉과 같다. 파네비안코는 이러한 선거 전문가 정당의 성공이 역설적으로 대중 정당의 위기를 의미한다고 주장한다. 3장에서 살펴본 〈표 9〉는 정당 정치의 역사적 전개 과정에 따라 변화해온 정당의 다양한 조직 형태를 보여주었다. 여기에 포함된 키르크하이머의 포괄 정당론과 카츠·마이어의 카르텔 정당론 등도 모두 대중 정당의 위기에 관한 논의들이다.

〈표 11〉 대중 관료 정당과 선거 전문가 정당의 차이점

	대중 관료 정당	선거 전문가 정당
핵심 행위자	관료가 중심적 역할 (정치-행정적 과제 수행)	전문가가 중심적 역할 (특화된 과제 수행)
당원 및 선거 운동 방식	당원membership 정당 강한 수직적·조직적 결합 귀속감 보유한 유권자에 호소	선거 정당, 약한 수직적 결합, 여론 주도층에 호소
리더십의 특징	내부 리더들의 탁월함, 조직적 리더십	공적 대표자의 탁월함, 개인화된 리더십
재정 확보 방안	당원과 부수 활동(정당의 협동조합, 노동조합 등)을 통해 재정 확보	이익 집단과 공적 기금을 통한 재정 확보
활동 목표와 활동 방식	이데올로기에 대한 강조, 조직 내에서 열성 당원들이 중심적 역할	이슈와 리더십에 대한 강조, 전문가와 조직 내 이익 집단의 대표자들이 중심적 역할

출처 : Angelo Panebianco, Political Parties : Organization and Power(Cambridge University Press, 1988). 264쪽

정치적 하위문화
당 조직 내부에서 당원들 사이에 형성되는 이념적 동질감, 그것에 기초한 가치 및 규범의 공유, 유사한 행동 양식의 형성 등을 의미한다. 즉 무엇이 옳고 그르며 무엇을 먼저 하고 무엇을 나중에 해야 하는지 등에 대한 기준을 공유하면서 공동체 의식을 갖게 된다는 것이다.

파네비안코는 키르크하이머를 따라 정당의 세 가지 고유 기능의 약화에 주목하면서 정당의 위기는 바로 그러한 기능을 수행하는 정당 활동의 위기라고 말한다. 세 가지 고유 기능과 그 약화 양상은 다음과 같다.

첫째, 통합적 혹은 표출적 기능이다. 즉 정치 사회적 질서의 방어와 변화에 대한 요구를 조직하는 기능이다. 이 기능에서 가장 중요한 것은 이데올로기를 통한 집합적 정체성의 창출과 보존이다. 이데올로기는 훗날에 올 보다 좋은 사회에 대한 희망으로 오늘날의 희생을 수용케 하는, 즉 미래의 이익을 중시하게 하는 수단으로서 공급된다. 그런데 선거 전문가 정당은 대중 관료 정당과 달리 더 이상 집합적 정체성을 조직하지 않는다. 따라서 이데올로기를 바탕으로 형성되었던 정치적 하위문화는 부식된다. 이것은 사실상 정당의 통합적, 표출적 기능과 관련된 활동이 중지됨을 의미한다. 집합적 정체성의 결핍은 비인습적 정치 행동의 확산을 가져온다. 이는 이익 대표 구조의 다양화와 파편화를 유발하고, 이 과정에서 당원들은 감소하며 그에 따라 당비가 당의 재정 자원 구조에서 차지하는 비중도 줄어든다. 인구가 계속 증가함에도 불구하고 당원의 총수나 유권자 대비 당원 비율 모두 지난 30년 동안 거의 모든 기성 민주주의 국가에서 현저하게 줄어들었다.

둘째, 공직 후보자의 선발 기능이다. 하지만 엘리트를 선발하는 정당의 독자적 능력은 훼손되었다. 이익 집단들이 정치 영역에 본격적으로 개입해 그들 자신의 정치적 대표자를 직접 후원하는 형식으로 바뀌고 있다.

셋째, 공공 정책 결정에 참여하는 기능이다. 그러나 국가 정책에 영향력을 끼칠 수 있는 정당의 능력 역시 이익 집단과 자율화된 정치-행정 체계, 단일 이슈를 추구하는 결사체들의 증가와 그들과의 경쟁에 의해 손상되었다. 결국 정당은 집합적 정체성을 조직하는 존재로서의 역할이 위축되는 가운데, 특정 세력의 요구 전달과 이행을 둘러싸고 이익 집단들과 직접 경쟁할 수밖에 없게 된다. 파네비안코는 정당과 여타 조직들의 권력 관계는 정당이 집합적 이익을 조직하고 대표하는 능력을 발휘할 수 있는가에 달려 있지만, 그러한 필승 카드는 이제 이용할 수 없게 되었으며, 결국 정당은 모든 영역에서 위상이 약화되었다고 말한다.

정당 쇠락의 원인들

그렇다면 정당들은 왜 쇠락의 위기에 처하게 된 것일까? 정당 연구자들은 이 문제와 관련해 크게 두 가지 원인을 제시했다. 하나는 2차 세계대전 이후, 특히 탈산업 사회의 도래에 따른 인구 통계의 변화이다. 이 변화가 정당 일체감의 변화를 가져왔다는 것이다. 다른 하나는 가치관의 변화이다. 두 견해는 서로 다르지만 핵심 가정과 분석 양식에서는 상호 보완적이며 중첩되기도 한다.

우선 선진 산업 사회에서 달성한 경제적 풍요와 직업 및 사회 구조의 변화에 따른 인구 구성의 변화가 논의의 주를 이루었다. 산업 노동자들은 감소했고 서비스 부문의 성장에 따라 다양한 직업 집단의 중요성이 증대했다. 달턴 같은 연구자들이 보기에 이러한 변화는 투표자와 정당들 간의 사회 심리적 유대의 붕괴를 가져왔다.

사회·정치 변동 연구에 주력해온 잉글하트Ronald Inglehart(1934~2021) 같은 연구자들은 인구 구성의 변화에 주목한 달턴과 달리 가치관의 변화에 주목하고 그것이 어떻게 당파심의 변화를 가져오는지에 더 큰 관심을 기울였다. 즉 그는 세대 변화에 따른 가치관의 변화로 정당들의 사회적 기반의 변화를 설명했다. 특히 전후 시기에 부모 세대와 달리 궁핍과 공황, 불황, 경제적 기근 등을 경험하지 않고 풍부한 교육 기회를 제공받은 연령대에 주목했다. 잉글하트는 이 젊은 세대가 '탈물질적' 가치를 중시한다고 주장했다. 그들은 이데올로기와 국가의 경제적 역할보다는 낙태할 권리, 평등, 참여, 환경, 개인 윤리 같은 비경제적인 사회 이슈에 보다 많은 관심을 기울이고, 이런 이슈를 가지고 기존 정치에 도전함으로써 전통적인 '낡은 정치'를 대체해왔다는 것이었다. 낡은 정치란 물질적 만족을 중시하는 전쟁 세대가 중요하게 여겼던 것들, 즉 경제적 안정과 성장, 국가의 질서, 군사적·

체코슬로바키아
침략에 반대하는
헬싱키의 시위대
(1968)

사회적 안보 등을 중요시하는 정치이다. 결론적으로 잉글하트는 계급 기반의 정치적 대립이 가치 기반의 정치적 대립으로 대체되었다고 주장했다.

한편 플래너건Scott Flanagan은 다른 종류의 가치관의 변화에도 주의를 기울였다. 특히 그는 사회 구조적이고 경제적인 변화가 전통적으로 작동되어온 권위, 종교, 인종적 문제가 차지하는 비중을 감소시켰다고 주장했다. 그러한 문제들이 삶의 질, 여가 활동, 다른 삶의 방식에 대한 포용, 새로운 사고에 대한 개방성, 비순응성 같은 '자아실현'과 관련되는 문제로 대체되었다는 것이다.

이와 더불어 파네비안코는 텔레비전 같은 대중 매체의 효과로 인해 재구성된 정치 커뮤니케이션 구조의 변화에도 관심을 기울였다. 특히 텔레비전이 정당 경쟁의 중심에 위치하게 되었음에 주목한다. 그는 변화된 커뮤니케이션 기법이 정당 조직에 지각 변동을 가져왔다고 말한다. 교육받은 공중에 힘입어 정치 커뮤니케이션의 용어들이 변화했고, 새로운 전문가들의 역할이 중요해졌으며, 이 과정에서 기존에 동의를 조직하던 정당 관료들의 역할은 쓸모없는 것이 되었다.

대중 매체는 정당들로 하여금 개인화되고 후보 중심적이며 이슈 지향적인 선거 운동을 펼치게 했다. 또 정치 토론은 전문적이고 고도의 기술적 내용을 준비해야 하는 특수한 주제들에 집중되었다. 이로 인해 텔레비전과 이익 집단들은 정당과 유권자들을 연결하는 데 전통적인 정당의 부수 조직보다 훨씬 더 중요해졌다. 바로 이 때문에 정당 관료들과 활동가들의 중요성이 감소하게 된 것이다. 이것은 조직 내 권력 관계의 지형이 변화했음을 의미한다. 즉 정당의 재정과 투표자들의 연계에 있어서 당원과 관료들의 발언권이 약화되었다. 따라서 정당 내부의 지도자들은 당원과 관료들과의 불균등한 교환 관계에 기초해 행사했던 정치적 영향력을 상실했다. 반면에 선출된 공직 대표자들의 영향력은 커졌다.

결국 사회 구조와 정치 커뮤니케이션의 변화가, 대중 관료 정당의 정착 과정에서 형성된 정치적 하위문화들을 침식했다. 이에 따라 정당 귀속감이 위축되고 정당 일체감이 쇠퇴한 것이다.

전후 세대는 이데올로기와 국가의 경제적 역할보다는 낙태할 권리, 평등, 참여, 환경, 개인 윤리 같은 비경제적인 사회 이슈에 보다 많은 관심을 기울이고, 이런 이슈를 가지고 기존 정치에 도전함으로써 전통적인 '낡은 정치'를 대체해왔다

무당파가 증가하고 사회 통합 역시 약화되었다. 선거 시장의 유동성과 불안정성이 증대했음은 물론이다. 파네비안코에 따르면 기존의 정당들은 바로 이러한 상황에서 모방과 상호 조정 과정을 거쳐 선거 전문가 정당으로 변모해갔다.

정당이 쇠락하고 있다는 주장에 대한 비판들

그러나 일군의 연구자들은 정당 일체감의 약화나 무당파층 증가, 투표 유동성 증대 같은 현상에도 불구하고 정당의 쇠락을 일반화하기는 어렵다고 말한다. 이런 변화가 특정 정당의 위기를 가져온 것은 사실이지만 곧 다른 정당의 형태로 대체되었으므로 정당 제도 일반의 위기로까지 과장해서는 안 된다는 것이다.

투표 유동성이 역사적으로 뚜렷이 구별될 정도는 아니라는 주장도 제기되었다. 미국에서 무당파임을 자처한 대부분의 투표자들이 실제로는 여전히 기존의 양대 정당 중 하나에 강하게 의존했다는 것이다. 유럽에서도 당파심의 변화에 대해 비슷한 문제 제기가 있었다. 정당 일체감의 쇠퇴가 매우 경미하다는 것이다. 또한 정당 일체감의 약화, 무당파층 증가, 투표 유동성 증대로 인해 빚어진 정당과 유권자 간 관계의 불안정성이 얼마나 오랫동안 지속될 것인가라는 질문에 그러한 현상은 일시적이며 이미 퇴조하고 있다는 주장도 나왔다.

정당은 다른 사회 조직이나 이익 대표의 형태와 공존하고 있다. 정당과 다른 사회 조직의 경쟁은 결코 필연적인 것이 아니다. 주요 이익 대표 체로서 정당이 다른 어떤 것으로 대체된 민주주의 국가는 존재하지 않는다.

여기서 마이어는 투표 유동성 문제와 관련해 흥미로운 비판을 제기했다. 개별 정당 사이에서 지지를 바꾸는 투표 유동성은 늘어났지만, 투표 유동의 범주를 좌파와 우파로 확대해 보면 증가 폭이 그다지 크지 않았다는 것이다. 이는 정당의 주요 요소를 이루는 이데올로기의 측면에서 좌우파 정당 모두 여전히 유권자들에게 정체성을 인정받고 있음을 뜻한다. 즉 투표 유동성의 증가를 정당의 위기로 파악하는 것은 투표 유동성을 개별 정당이라는 협소한 차원에서 본 것으로, 과장된 논리라는 지적이다. 다만 그러한 지지 이동의 원인이 산업 사회의 구조적 변화에 따른 것인지를 살펴보아야 하는데, 만약 그렇다면 정당과 유권자의 관계 약화는 보다 근본적인 변화일 수 있다고 가능성을 열어둔다. 하지만 이때에도 정당의 쇠락이 단지 정당 일체감의 약화나 무당파층 증가, 투표 유동성 증대 같은 수치로만 입증될 수는 없다고 주장한다.

또한 정당은 다른 사회 조직이나 이익 대표의 형태와 공존하고 있다. 정당과 다른 사회 조직의 경쟁은 결코 필연적인 것이 아니다. 주요 이익 대표체로서 정당이 다른 어떤 것으로 대체된 민주주의 국가는 존재하지 않는다. 통치 과정에서 정당의 지속적인 역할도 강조되었다. 이 때문에 달턴과 와텐버그는 정당 쇠락에 관한 그간의 논의가 어느 한 측면만 강조함으로써 한계를 안고 있다고 지적했다. 정당 정치의 변화 자체에 대해서는 모두 동의하지만 관점에 따라 그 변화가 적응인지 쇠퇴인지 논쟁의 여지가 있다는 것이다. 따라서 그들은 앞서 언급한 바 있는 키의 논의(2장의 〈표 6〉)에 나타나 있는 것과 같이 정당의 여러 특성과 기능을 보다 종합적으로 살펴보아야 한다고 말한다. 그런데 달턴과 와텐버그의 연구 역시 정당 쇠퇴는 단지 유권자와의 관계에서만 뚜렷이 나타날 뿐, 조직으로서의 정당과 통치 제도로서의 정당은 여전히 강력한 위상과 역할을 가지고 있음을 보여주었다. 바로 이 때문에 정당 쇠락에 대한 논의는 정치 환경의 변화에 적응하기 위한 정당들의 시도를 강조하는 논의로 전환되었다. 이 과정에서 나온 것이 바로 정당 조직과 정당 엘리트들은 사회 변화에 응답하고 적응할 수 있는 능력을 보유하고 있다는 주장이다. 즉 정당은 '변할 수 없어 사라진 공룡들inflexible dinosaurs' 이 아니라는 이야기다.

정당 체제와 정치적 안정성

정당 정치는 단지 개별 정당들의 서로 다른 이념과 정책에 기초한 독자적인 활동을 통해서만 이루어지는 것이 아니다. 그것은 개별 정당들 간의 경쟁과 협력 등의 관계를 포괄한다. 즉 개별 정당들은 상호 작용하면서 유기적 관계를 맺고 있다. 정당학자들은 특정한 방식으로 상호 작용하는 정당들의 배치 상태를 '정당 체제political system 라고 정의한다.

정당 체제에 관한 이론들은 대부분 상호 작용하는 특정한 방식을 여러 유형으로 분류하는 데 초점을 맞추고 있다. 가령 뒤베르제는 상호 작용하는 정당의 수에 따라 정당 체제를 구분한다. 일당제, 양당제, 다당제 등의 분류가 그것이다. 또 정당의 크기와 이념적 차이의 정도를 기준으로 정당 체제 유형을 나누기도 한다. 정당 체제는 물론 정부와 정당의 관계를 연구해온 프랑스의 정치학자 블롱델Jean Blondel(1929~2022)은 정당 크기를 기준으로 2당 체제, 2.5 정당 체제, 우월 다당 체제, 다당 체제의 네 가지 유형을 제시하기도 했다. 이때 정당 크기란 보유한 의석 수를 기준으로 한 것이다. 정당의 이념적 차이에 따른 분류는 정당들 간의 이념적 거리가 얼마나 가깝고 먼지, 중간적 이념을 갖는 정당이 존재하는지 존재하지 않는지 등을 중심으로 살펴보는 것이다.

정치학자들은 또한 정당 체제가 어떤 유형이냐에 따라 정당 간의 관계 양식이 다르고 그에 따라 정치적 안정의 정도도 차이를 보인다고 생각했다. 가령 뒤베르제는 영국과 미국에서 발견되는 양당제가 책임성과 정권 교체, 온건 중도적 경쟁성을 진작하면서 정치 안정을 가져오는 반면에, 프랑스나 이탈리아 등에서 발견되는 다당제는 연립 정부를 구성하기 쉽고 유권자들이 정부 구성에 직접 관여하기가 어려우며 지지 기반이 협소한 정당들 간의 극단적인 이념 대치를 불러옴으로써 정치를 불안정하게 한다고 암시했다.

하지만 사르토리처럼 정당의 수와 이념적 거리를 함께 고려하면, 모든 양당제가 언제나 안정적일 수는 없다. 즉 미국과 영국처럼 주요 정당 간의 이념적 거리가 좁아 합의 도출이 용이할 때에만 양당제가 안정을 이룰 수 있다. 다당제 역시 마찬가지다. 온건 다당제는 정치적으로 결코 불안정하지 않다. 온건 다당제란 독일, 벨기에, 룩셈부르크, 스위스 등에서처럼 이념적 거리가 비교적 가까운 3~5개의 주요 정당이 공존하는 정당 체제이다. 다만 분극적 다당제의 경우에는 정치적으로 매우 불안정한 모습을 보인다. 분극적 다당제란 이념적 상이성이 큰 다수의 정당들이 있고 공산당이나 파시스트 정당같이 기존 체제의 정당성을 잠식하는 반체제 정당마저 존재하는 정당 체제를 말한다.

5장

정당의 미래는 오래 지속될 것인가

개별 정당의 환경 적응 능력과
리더십의 중요성

모든 정당이 쇠락하는 것은 아니다. 또 모든 정당이 쇠락하지 않는 것도 아니다. 제도로서의 정당이 계속 유지되는 가운데 개별 정당들은 부침을 겪는데, 어떤 정당들은 지속적으로 성장해가고 어떤 정당들은 소멸한다. 새롭게 생성되는 정당들도 있다. 정당 정치의 역사가 그것을 증명한다. 그렇다면 왜 어떤 정당은 성장하고 어떤 정당은 소멸의 운명을 겪는 것일까? 그것은 새로운 환경의 도전에 적응할 수 있는 능력이 정당마다 다르기 때문이다. 그렇다면 왜 어떤 정당은 환경에 적응하고 어떤 정당은 적응하지 못하는 것일까?

정당이 현대 민주주의의 핵심 제도로 계속 존재하려면 개별 정당들 간의 경쟁이 안정적으로 이루어져야 한다. 그리고 이를 위해서는 정당들이 저마다 일정 수준의 환경 적응 능력을 갖추어야 한다. 정당이라는 제도는 명문화된 법에 의해서가 아니라

세계화는 전 세계의
다양한 문화들이 서로
영향을 주고받게 한다
© Winhunter

정당 안팎에 존재하는 경쟁적 주체들의 실천에 의해 유지되고
작동되는 것이기 때문이다. 개별 정당들의 환경 적응 능력의 중
요성은 세계화, 정보화, 경제 위기 같은 커다란 환경의 변화에
직면해 더욱 커졌다.

개별 정당들이 환경 변화에 적응하기 위해서는 세 가지 능력
을 갖추어야 한다. 즉 첫째, 자신에게 가장 유리한 정치적·조직
적 대안을 동원할 수 있는 능력, 둘째, 자신에게 불리한 갈등을
새로운 갈등 축으로 대체할 수 있는 능력, 셋째, 새로운 유권자
편성을 조직할 수 있는 능력이 필요하다. 이는 결국 외부 환경의
유동성이 증가함에 따라 더욱 강하게 요구되는 정당의 창조적
적응 능력, 특히 노선 전환의 능력을 의미한다. 즉 정당의 환경

적응 능력은 변화된 환경에 조응하는 이념, 전략과 정책, 조직 구조와 운영 원리 및 방식의 전환을 위한 '새로운 노선 설정과 그것에 입각한 실질적인 실천 능력'이라고 할 수 있다. 이는 약화될 가능성이 있는 사회적 기반을 유지하고 강화하기 위해 정당 고유의 기능을 복원하고 새로운 기능을 창출하기 위한 것이다.

환경 적응을 위한 개별 정당의 노선 전환 능력은 정당 지도자의 '리더십'의 중요성을 부각한다. 정치 환경의 사건과 조건도 변화를 위한 압력을 만들어내기 때문에 중요하지만, 변화는 정당 지도자들이 그것을 일으킬 때에 비로소 나타난다. 정당 지도자들이 정당의 가능한 혹은 바람직한 변화를 위해 외부 환경에 응답할 것인지 아닌지를 결정하기 때문이다. 즉 환경 변화와 선거 패배를 노선 전환을 요구하는 압력으로 파악하고, 정당의 존속이나 성공을 위해 구조적 변화의 방향을 규정하는 것이 바로 정당 지도자의 역할인 것이다. 또한 정당 지도자는 서로 연결되어 있으면서도 모순적인 목표와 전략의 충돌, 조직 내 상이한 지향을 가진 세력들 간의 갈등과 긴장을 조정해야 한다.

파네비안코는 정당 형성 과정에서 발휘되는 리더십의 중추적 역할을 강조했다. 지도자들은 미래를 위해 정당이 추구해야 할 이념과 목표를 정하고 조직의 사회적 기반을 선택한다. 이때 지도자들은 당연히 자국의 사회 경제적 · 정치적 조건과 같은 환경을 고려한다. 그리고 그에 입각해 조직의 형체를 만들어낸다. 파네비안코는 정당이 '정당다움'을 갖추도록 하는 것이 바로 리더십이라고 본 것이다. 다소 과장해서 말하면 리더십은 정당을 생명체로 재탄생시키기 위해 숨결을 불어넣어 주는 '조물주의 실천'이다.

2

노선 전환을 위한 리더십 작동과 성공의 요건

조직적 위기의 폭발

정당 지도자들이 환경 변화에 적응하기 위해 항상 노선을 전환하려고 하는 것은 아니다. 그런 의사를 가졌다 해도 노선 전환을 시도하는 것은 쉽지 않다. 또 시도한다고 해서 늘 성공하는 것도 아니다. 정당의 조직 동학dynamics은 변화를 추진하기보다는 반대한다. 정당 엘리트들이 주도하고 정당 관료와 당원, 당직자 들을 포함하는 정당 내부의 지배 연합은 곧잘 변화를 위한 시도에 저항한다. 그들은 정당 지도자들이 환경 변화의 범위(환경 변화가 정당의 위기로 이어질 것인지 아닌지 등)를 인지하는 데 실패하거나 과거에 사용한 방법이 미래에도 계속 유효할 것이라고 믿는다.

　변화는 또한 정당 내부의 권력 재분배 가능성을 막으려는 세력의 저항에 부딪칠 수도 있다. 공직 후보자 선정 방식이나 정치자금 배분 기준 등의 변화가 그 예이다. 이것은 비록 의도하지 않았다 하더라도 대부분의 경우 어느 한쪽의 파벌이나 정당 지도자들에게 유리한 결과를 낳는다. 의도하지 않은 결과에 대한 우려 때문에 변화를 반대하는 이들도 있다. 이 때문에 어떤 정당 지도자들은 변화 후에 발생할 수 있는 예기치 않은 문제보다는 차라리 정당 조직의 알려진 결점을 선호한다.

그렇다면 노선 전환을 위한 리더십은 어떻게 발휘될 수 있을까? 그 시작은 정당 지도자들이 노선 전환의 필요성을 '승인'하는 것이다. 그러려면 강력한 환경의 압박이 조직적 위기로 폭발해야 한다. 선거 패배와 선거 경쟁에서의 거래 수단의 악화가 정당에 막강한 압력을 행사하는 외부 도전의 고전적 유형인데, 이 것은 내부에 이미 존재하고 있던 조직의 위기를 촉진한다. 새로운 지도자의 전면적인 등장, 조직적 성과의 감소, 조직의 경직 등이 그것이다.

정당 지도자들은 '경쟁적 사업의 감독' 혹은 '기업가'로 정의되기도 한다. 그들은 단지 대외적으로 당의 입장을 진술하는 '대변인' 혹은 '얼굴 마담'이 아니다. 그들은 권력을 장악하거나 이미 획득한 권력을 유지 혹은 확장하려고 한다. 이를 위해 정당 지도자는 조직의 안정성은 물론 조직에 대한 자신의 통제력을 유지해야 한다. 정당 지도자는 정당 조직에 기초해 선거 경쟁에서 유의미한 성과를 거둘 수 있고, 이를 통해 권력을 강화할 수 있기 때문이다. 정당 지도자들이 정당 조직을 중요하게 여길 수밖에 없는 이유를 좀 더 구체적으로 정리해보면 다음과 같다. 첫째, 유권자와 그들의 선호에 관한 정보의 필요성, 둘째, 지지자들의 선거 운동에의 동원, 셋째, 유권자들에게 접근하고 그들의 지지를 확보하기 위한 정책 개발의 필요성이다. 하지만 조직적 위기를 맞은 정당은 이러한 기능이 현저하게 약화됨으로써 선거 경쟁력이 저하된다. 따라서 조직적 위기는 정당 지도자들이 반응하지 않을 수 없는 상황이 조성되었음을 의미한다.

유인의 제공

정당 지도자들이 노선 전환의 필요성을 인식하고 그것을 시도한다고 해서 성공이 보장되는 것은 아니다. 정당 지도자들이 새롭게 제시하는 노선이 조직 구성원 다수의 참여를 끌어내고 동의와 지지를 획득할 수 있어야 한다.

이때 주목할 만한 것이 바로 유인incentive 제공의 문제이다. 참여는 명백한 혹은 숨어 있는 유인(이익 혹은 약속 혹은 미래의 이익)의 제공에서 비롯된다. 파네비안코는 조직의 지도자들이 유인을 제공함으로써 정당 구성원들의 참여를 끌어내는 것임을 분명히 한다. 앞에서도 보았듯이, 그는 유인을 집합적 유인과 선별적 유인이라는 두 가지 유형으로 구분한다. 집합적 유인이란 조직의 목표를 포함한 주의·주장에 일체감을 느끼게 함으로써 참여를

집합적 유인이란 조직의 목표를 포함한 주의·주장에 일체감을 느끼게 함으로써 참여를 유도하는 이데올로기적 유인으로 참여자 모두에게 제공된다. 반면 선별적 유인이란 물질적 보상과 지위 같은 것들로 일부 참여자에게만 차별적으로 제공된다.

유도하는 이데올로기적 유인으로 참여자 모두에게 제공된다. 반면 선별적 유인이란 물질적 보상과 지위 같은 것들로 일부 참여자에게만 차별적으로 제공된다.

그렇다면 유인은 어떻게 제공되어야 할까? 즉 정당 지도자들이 유인을 제공할 때 고려해야 하는 점은 무엇일까?

정당 지도자들이 효과적인 유인 제공을 위해 우선 고려해야 하는 것은 참여자에게 한 가지 유형의 유인만 제공해서는 안 된다는 것이다. 정당 조직의 지속성과 위계적 안정성 그리고 자발적 참여, 이 모든 것을 위해서 그렇다. 이는 두 가지 유인의 제공이 균형을 이루어야 한다는 것을 의미한다. 선별적 유인이 지나치면 주의·주장에 헌신하는 도구로서의 조직 신뢰성이 위협받는다. 반면에 집합적 유인이 과도하게 강조되면 조직의 지속성이 위협받게 된다. 따라서 선별적 유인을 통해 충족되는 개인의 '이익'과 집합적 유인을 통해 증가하는 조직적 '충성'이 조화를 이루게 해야 한다. 집합적 유인에 끌려 참여한 당원들의 경우도 당 부속 기관의 지원 서비스나 지위 같은 선별적 유인들로부터 이익을 얻고자 하는 경향이 있다. 그 반대 역시 마찬가지다.

그럼 두 가지 유인은 어떻게 조화롭게 균형을 이룰 수 있는가? 이러한 물음에 대해 파네비안코는 조직의 목표와 선택을 정의하는 이데올로기의 두 가지 내부 기능에 주목한다. 이데올로기의 첫 번째 내부 기능은 지지자들의 눈으로 조직의 정체성을 유지하게 하는 것이다. 따라서 이데올로기는 집합적 유인의 주요한 자원이다. 하지만 동시에 이데올로기는 선별적 유인의 배분을 은폐하는 기능을 하기도 한다. 선별적 유인에서 이득을 얻지 못하는 조직 구성원은 물론 그것으로부터 이득을 얻는 구성원에게도 그렇다. 즉 이데올로기는 주의·주장에 헌신하는 조직이라는 이미지를 훼손하는 선별적 유인의 과잉 노출을 은폐해주며, 개인의 성공에 대한 열망을 합리화하고 명예롭게 하는 기능을 수행한다. 즉 이익에 대한 강조를 정당화해주는 것이다. 정당 지도자들은 이러한 이데올로기의 기능에 주목하고 그것을 최대한 활용할 수 있어야 한다.

다음으로 고려해야 하는 것은 정당 조직 내부의 위치에 따라 구성원들이 선호하는 유인 혹은 유인에 대한 선호도가 다르다는 점이다. 특히 중요한 구성원은 활동가들이다. 그들은 소수이지만 지속적으로 참여하면서 조직의 기능을 작동시키는, 당내에서 가장 중요한 집단이다. 조직이 이 집단에 제공하는 유인과 이 집단이 조직에 제공하는 활동의 교환이 조직에서 가장 중요한 결과물을 가져올 수 있다. 노선 전환의 성패 여부가 이들에게 달려 있다고 해도 과언이 아니다.

파네비안코의 관점을 따라서 활동가들을 집합적 유인을 선호하는 '열성분자believer'와 선별적 유인을 선호하는 '출세주의자

careerist'로 나눌 수 있다. 열성분자들의 존재는 왜 공식적인 조직의 목표가 중요한지, 왜 조직의 목표가 다른 것으로 대체되는 것이 아니라 기존의 것에 새로운 요소가 접합되는지를 설명해준다. 열성분자들이 공식적인 목표에 헌신하며, 집합적 정체성을 위태롭게 하는 배신 행위에 격렬히 저항하기 때문이다. 따라서 정당 지도자들은 무엇보다 이데올로기적 목표를 항상 그리고 의례적으로 인용함으로써, 또한 이단이라고 비칠 수 있는 선택에 신중함을 보이면서 열성분자들의 정체성을 보호해야 한다. 열성분자들은 정당 지도자들이 개인의 정체성 때문에 조직의 목표를 등한시하지 않을 때 높은 충성도를 보인다. 노선 전환은 그러한 충성도를 유지할 때 성공할 수 있다. 파네비안코는 이들 열성분자가 활동가의 다수를 이룬다고 말하는데, 이는 노선 전환을 위한 리더십이 이들에게 우선 초점을 맞추어야 한다는 것을 의미한다.

출세주의자는 열성분자와 달리 선별적 유인을 선호한다. 출세주의자는 파벌 간의 경쟁과 갈등에 깊이 연루되어 조직을 혼란과 분열에 빠뜨릴 수 있기 때문에 조직적 중요성을 갖는다. 즉 출세주의자는 정당 지도자들에게 잠재적인 위험 지대이다. 따라서 정당 지도자들은 출세주의자들을 중화 혹은 무력화해야 한다. 이를 위해 두 가지 대안이 가능하다. 하나는 그들을 위계적 지배의 사다리를 통해 흡수하는 것이고, 다른 하나는 모든 수단을 강구해 그들이 당에서 떠나도록 조장하는 것이다.

다시 민주주의의 문제로

몇몇 개별 정당들이 노선 전환에 성공했다고 해서 제도로서의
정당의 미래가 밝다고 볼 수만은 없다. 많은 정당 연구자들은 현
대 정치에서 정당의 위상과 역할이 여전히 중요하게 유지되고
있다고 말한다. 하지만 동시에 그들은 최근의 변화 양상을 보면
서 그것이 현대 민주주의의 지속적인 발전에 긍정적으로 기능할
것인지에 대해서는 의문을 제기한다.

　파네비안코, 카츠, 마이어는 각각 선거 전문가 정당론과 카
르텔 정당론을 통해 정당이 창조적인 적응 능력을 보유하고 발
휘해왔지만 그것이 민주주의에 긍정적으로 작용한다고 보기는
어렵다고 말한다. 달턴과 와텐버그도 마찬가지다. 정당의 미래
는 오래 지속될지 몰라도 민주주의의 미래는 결코 밝지 않다는
것이다. 궁극에 가서 민주주의의 위기는 정당의 위기를 가져올
것이다. 정당 존립의 가장 큰 기반이 바로 민주주의이기 때문
이다.

　따라서 정당들은 단지 자신의 성장을 위해 노선을 전환하는
데 머물러서는 안 된다. 정당의 미래는 개별 정당들의 경쟁 과정
에서 민주주의를 시대 상황의 변화에 조응하는 것으로 전환해낼

수 있느냐에 달려 있기 때문이다. 즉 민주주의를 다수 인민이 행복을 추구하는 데 '쓸모 있는 것'으로 만들어야 정당 역시 쓸모 있는 존재임을 인정받으면서 오래 지속할 수 있을 것이다.

한국 정당 정치의 미래

한국의 정치학자들은 민주화를 이룬 지 20여 년이 흘렀음에도 불구하고 한국의 정당 정치가 아직도 안정적으로 정착되지 못했다고 평가한다. 그간 한국의 정당은 특정 지도자에 의해 리더십이 사실상 독점되어온 데다가 조직적 이합집산을 거듭해왔기 때문이다. 민주화 이후 선거 때마다 노태우, 김영삼, 김대중, 김종필 같은 지도자들에 의해 정치 세력들 간의 제휴와 대립이 발생했고, 집권에 성공한 정당들마저 해체되고 새로운 정당이 출현하는 현상이 반복되어왔다.

더욱 큰 문제는 제휴와 대립의 기준이 유권자들의 이해와 요구, 그리고 그것을 반영하는 이념과 정책이 아니라 선거 당시의 득표에만 맞추어져 있다는 것이다. 이 때문에 한국의 정당 정치는 아직 정당 체제와 같은 분석 틀을 적용할 수 없다고까지 평가된다.

실제 한국의 정당 정치는 계급, 이념, 세대 등 현존하는 사회적 균열을 온전하게 반영하지 못하고 있다. 단지 정당 지도자들의 출신 지역에 의존한 지역 균열을 바탕으로 유권자의 지지를 동원한다. 2002년 대통령 선거와 2004년 국회의원 선거를 계기로 지역 균열이 약화되고 이념, 세대 균열의 중요성이 커졌다는 연구 결과들이 제시되기도 했다. 하지만 그 후 치러진 선거에서 확인한 것은 영남, 호남, 충청 지역을 기반으로 하는 지역 정당 구도가 여전히 견고하다는 것이다.

이러한 정당 정치의 현실은 유권자들의 정당 정치에 대한 관심 저하와 불신 증대, 선거 불참의 증가를 가져왔다. 최근에는 무려 절반에 가까운 유권자들이 선거 참여를 외면하기도 했다. 이는 한국 정당 정치의 대표성과 정당성이 매우 낮으며, 그 미래가 결코 밝지 않다는 사실을 보여준다. 궁극적으로는 한국 민주주의의 위기를 의미하기도 한다. 따라서 민주주의를 지향하는 정치 사회 세력의 노력이 그 어느 때보다 중요한 상황이다.

한국 정당 정치의 발전을 위해서는 다음과 같은 과제를 하루속히 수행할 필요가 있다. 첫째, 각 정당의 활동에서 사회의 균열을 더 강력하게 반영해야 한다. 이를 위해 무엇보다 국민의 삶에 가장 치명적인 영향을 끼치는 문제, 특히 고용 및 소득 불안정 심화 같은 사회 경제적 문제의 해소에 집중해야 한다. 이는 정당 정치에 대한 국민의 관심과 신뢰를 회복하기 위한 실천이 될 것이다.

둘째, 첫 번째 과제를 충실히 수행하기 위해서는 정당의 생성이 이념과 정책의 정체성에 입각해 이루어져야 한다. 선거 승리만을 위한 정략적 이합집산으로는 결코 폭넓은 국민의 지지와 동의를 구할 수 없다. 최근의 선거를 통해 한국의 유권자들은 더 이상 극적인 정당의 이합집산에 크게 관심을 갖지 않음을 확인한 바 있다.

셋째, 이념과 정책의 정체성에 입각한 정당 생성을 위해 새로운 정치 세력의 원내 진출 장벽을 대폭 낮추는 방향으로 선거법을 개정해야 한다. 무엇보다 정당 득표에 따른 의석 배분 비율을 높여야 한다. 현재 한국의 선거 제도는 지역 균열을 바탕으로 한 거대 정당에 일방적으로 유리하게 되어 있어 이념과 정책을 중시하는 새로운 정당의 출현과 성장을 가로막고 있다.

넷째, 국민의 이해 및 요구와 괴리된 채 정당들 간의 소모적인 갈등만을 부추기는 대립 쟁점의 형성을 억제해야 한다. 자신의 존재나 차별성만을 드러내기 위해 정략적으로 갈등을 동원해서는 안 된다. 그것은 사회 문제를 해결하고 정치 안정을 이루는 데 결코 도움이 안 되기 때문이다. 이 과제를 실현하기 위해서는 국회를 중심으로 전개되는 정치 과정에 국민의 직접 참여를 보장할 수 있는 제도적 장치를 마련해야 한다. 국민 소환권과 국민 입법 발의권을 현실적으로 보장하는 것이 그 예이다.

● 개념의 연표—정당

- 1688 | **영국 명예혁명**
  근대 의회 정치의 개막. 토리당과 휘그당의 성장

- 1738 | **볼링브로크, 《애국왕의 견해》**
  정당을 정치적 해악으로 규정

- 1742 | **흄, 〈정당 일반에 관하여〉**
  정당을 자유 정부 아래의 불가피한 존재로 간주

- 1770 | **버크, 《현재의 불만의 원인에 대한 사고》**
  정당을 "파벌의 사악한 계획에 쉽고 빠르게 대처할 수 있는 사람들 간의 연계망"으로
  정의하면서, 민주적 대중 정부는 정당 없이는 존재할 수 없다고 주장

- 1789 | **프랑스 혁명·정치 클럽 자코뱅 결성**
  근대 정당의 원형 출현

- 1793 | **미국, 반연방주의자인 제퍼슨의 주도로 민주공화파 형성**
  최초의 근대 정당 출현(사르토리의 평가)

- 1832 | **영국, 선거법 대개정 · 차티스트 운동**
  1887년의 제2차 선거법 개정, 1884년의 제3차 선거법 개정으로 이어지면서 유권자 수
  의 대폭 확대. 이후 근대 정당의 생성 본격화

- 1835 | **토크빌, 《미국의 민주주의》**
  다수자 지배를 특징으로 하는 '미국 민주주의'의 위험성을 지적하면서도 그러한 위험
  에 빠져들지 않는 미국 민주주의의 장점을 정당 정치에서 발견

- 1875 | **독일, 사회주의노동당 창립**
  사회주의 이념과 노동 계급에 기반을 둔 대중 정당 모형의 전형. 1890년 사회민주당
  으로 당명을 바꾼 후 현재까지 독일의 주요 정당 지위 유지

- 1900 | **영국, 노동당 창립**
  독일 사회민주당과 함께 대중 정당의 전형으로 평가받음

- 1911 | **로버트 미헬스, 《정당 사회학 : 근대 민주주의의 과두적 경향에 관한 연구》**
  '과두제의 철칙' 제시

- 1920 | **베버, 〈직업으로서의 정치〉**
  정당을 이념과 실리 획득을 위해 권력을 확보하려는 목적을 가진 조직으로 정의

- 1942 | 샤츠슈나이더, 《정당 정부》
  정당이 민주주의를 창출하며 정당 없는 민주주의는 생각할 수 없다고 주장

- 1942 | 키, 《정치, 정당과 압력 집단》
  정당을 '유권자 속의 정당', '정부 속의 정당', '조직으로서의 정당'이라는 세 가지 측면을 갖는 제도라는 관점에서 고찰

- 1954 | 뒤베르제, 《정당 : 근대 국가에서의 조직과 활동》
  간부 정당, 대중 정당 등의 모델을 제시하고 선거 제도와 정당 체제가 밀접하게 연결되어 있다고 주장

- 1954 | 키르크하이머, 〈서독 정치 현실에 관한 고찰〉
  포괄 정당 개념을 처음으로 소개

- 1956 | 다운스, 《민주주의의 경제 이론》
  모든 정당은 중도 이념 성향으로 수렴된다고 주장. 그 이유에 대해 정당은 최대 다수 득표를 추구하는 조직이며 다수의 유권자들이 이념적 스펙트럼에서 좌우 중간 지점에 몰려 있기 때문이라고 제시

- 1963 | 한국, 김종필 등 5·16 군사 쿠데타 세력의 주도로 민주공화당 창당
  당원 및 정당 조직 체계 등에서 한국전쟁 이후 만들어진 정당 중 가장 현대적인 면모를 갖춘 정당으로 평가받음

- 1966 | 라팔롬바라·웨이너, 《정당과 정치 발전》
  정치 발전에서의 정당 정치의 중요성 역설

- 1967 | 립셋·로칸, 〈균열 구조, 정당 체계, 그리고 유권자 편성 : 서설〉
  서구 정당 체제가 국민 국가 수립과 산업화를 거치면서 1920년대에 동결되었다고 주장

- 1968 | 프랑스 5월 혁명
  권위주의적인 기성 정치와 경제주의적 지배 가치에 대한 불만 폭발

- 1970 | 번햄, 《중대 선거와 미국 정치의 주요 동력》
  1960년대 중후반 이후 미국 정당 정치에서 유권자들의 정당 일체감이 저하되기 시작했음을 발견

- 1977 | 잉글하트, 《조용한 혁명 : 서구 사회에서의 가치관과 정치 스타일의 변화》
  유권자들의 가치관 변화가 정당 일체감을 약화시켜 정당 쇠퇴 현상이 나타났다고 주장

- 1980 | 독일 녹색당 창립
  기성 정당에 비판적이면서 반전과 평화, 생태, 환경 등의 가치를 중시하는 사회 운동 세력이 주도해 창립, 세계에서 가장 오래되고 가장 성공한 녹색 정당

- 1984 | 달턴·앨런·플래너건, 《선진 산업 국가에서의 유권자 변화》
  인구 구성과 가치관의 변화로 인한 정당 일체감의 약화가 정당 체제의 변화를 가져
  왔다고 주장

- 1987 | 로슨·메르클, 《정당이 실패할 때 : 대안 조직의 출현》
  이익 집단이나 사회 운동 단체 등 정당을 대체하는 조직의 출현으로 정당 정치가 실
  패를 겪고 있다고 주장

- 1987 | 한국, 제13대 대통령 선거
  이후 1988년의 국회의원 선거를 거치면서 정당 지도자들의 출신 지역에 바탕을 둔 지
  지 동원에 의존하는 지역 정당 체제 형성

- 1988 | 파네비안코, 《정당 : 조직과 권력》
  선거 전문가 정당 모델 제시

- 1989 | 마이어, 〈정당의 지속성, 변화와 취약성〉
  투표 유동성에 따라 정당 정치가 위기에 빠졌다는 주장은 과장된 것이라고 비판

- 1990 | 한국, 집권여당인 민주정의당(노태우), 통일민주당(김영삼), 신민주공화당(김종필)의
  3당 합당
  지역 정당 체제 아래서 반反호남 연합 형성, 평화민주당(김대중)의 고립

- 1995 | 카츠·마이어, 〈정당 조직 모델의 변화와 정당 민주주의 : 카르텔 정당의 출현〉
  카르텔 정당 모형 제시

- 1997 | 한국, 제15대 대통령 선거와 김대중의 당선
  호남(새정치국민회의–김대중)과 충청(자유민주연합–김종필) 지역 연합의 승리

- 1999 | 홉킨·파올루치, 〈기업형 정당 모형〉
  이탈리아의 포르자 이탈리아를 예로 들어 기업형 정당 모델 제시

- 2000 | 달턴·와텐버그, 《열성 지지자 없는 정당 : 선진 산업 민주주의 국가에서의 정치
  변화》
  정당은 단지 유권자와의 관계 면에서 쇠퇴했을 뿐, 정부 속의 정당과 조직으로서의
  정당은 건재하다고 주장

- 2002 | 한국, 제16대 대통령 선거와 노무현의 당선
  이념과 세대 균열 부각되면서 지역 균열 약화에 대한 기대감 상승

- 2004 | 한국, 제17대 국회의원 선거
  제16대 대통령 선거에 이어 이념과 세대 균열이 강화되고 지역 균열이 약화되는 양상
  을 보임. 민주노동당이 10석을 차지해 한국전쟁 이후 처음으로 진보 정당이 원내 진
  출에 성공

Vita Activa

'비타 악티바'는 '실천하는 삶'이라는 뜻의 라틴어입니다. 사회의 역사와 조응
해온 개념의 역사를 살펴봄으로써 우리의 주체적인 삶과 실천의 방향을 모색
하고자 합니다.

비타 악티바 11

정당

초판 1쇄 발행 2009년 7월 10일
초판 4쇄 발행 2023년 4월 14일

지은이 김윤철

펴낸이 김현태
펴낸곳 책세상
등록 1975년 5월 21일 제2017-000226호
주소 서울시 마포구 잔다리로 62-1, 3층(04031)
전화 02-704-1251
팩스 02-719-1258
이메일 editor@chaeksesang.com
광고·제휴 문의 creator@chaeksesang.com
홈페이지 chaeksesang.com
페이스북 /chaeksesang   트위터 @chaeksesang
인스타그램 @chaeksesang   네이버포스트 bkworldpub

ISBN 978-89-7013-724-7 04300
      978-89-7013-700-1 (세트)

ⓒ 김윤철, 2009